FERNANDO BURGOS

La novela moderna hispanoamericana

(un ensayo sobre el concepto literario de modernidad)

Colección Tratados de Crítica Literaria

DISCURS✦RIGENES

Dirigida por:
Juan Manuel Marcos

1.ª Edición: Orígenes, 1985

Dibujo portada: Carlos Rojas Maffioletti
© Fernando Burgos
Editorial Orígenes, S.A.
Plaza de Tuy, 4
28029 Madrid
Tlf. 201 58 00

ISBN: 84-85563-47-6
Dep. Legal: M.-40687-1985

Impreso en:
Gráficas Técnicas
Las Matas, 5 - Madrid
Printed in Spain. Impreso en España

INDICE

A mis padres
A Marilyn y Camila

Nuestras convicciones más arraigadas, más indubitables, son las más sospechosas. Ellas constituyen nuestros límites, nuestros confines, nuestra prisión.

José Ortega y Gasset

Todas las lenguas son rastros de antiguo misterio.
Ave, Palavra
João Guimarães Rosa

La historia del Modernismo no se puede escribir sin la del concepto de Modernidad (y recíprocamente).
Introduction à la Modernité
Henri Lefebvre

Liras sin cuerdas rasguean ahora para un mundo sin hombres.
The Dismemberment of Orpheus
Ihab Hassan

Prefacio

En el proceso de crecimiento de una sociedad tecnológica, cimentada en la noción de lo transformativo, los eslabones asociativos entre cultura y sociedad devinieron más complejos que el predominio hegemónico que uno de ellos podría ejercer sobre el otro. La estética de la modernidad hispanoamericana culmina con exploraciones que subvierten un enlace simple de exclusiva dependencia de una de esas instancias con respecto a la otra. La arrolladora subversión ejercida por la modernidad aniquila una perspectiva en torno a la relación arte-sociedad en términos de la usual mecánica determinista de los procesos culturales entendidos como reflejos o como resultantes de una concatenación dual. Su naturaleza plural, escindida y enigmática reclama la flexibilidad de un acercamiento no lineal en el cual la aproximación al nexo historia-arte debe asumir la multidimensionalidad que un proceso artístico como el de la modernidad inaugura en nuestro acontecer cultural.

Desde los inicios modernistas hasta las últimas provocaciones de la neovanguardia la múltiple dinámica de estos elementos de cambio y transformación —operados desde una conciencia de crisis de los *medios*— se reconocen como los modeladores y componentes esenciales de la estética de la modernidad hispanoamericana. Es en torno a las señas de esa trayectoria que esta indagación establece líneas de desarrollo: la modernidad en su vertiente de época, sensibilidad y escritura.

Las exploraciones y afianzamientos teóricos propuestos sobre el concepto de modernidad y sus implicaciones en la constitución de una narrativa de la modernidad se extienden asimismo a la compleja red de interacciones iniciadas por la modernidad hispanoamericana como modalidad cultural, a saber: su vinculación a lo histórico, sus posibilidades de escritura en el referente de una historia literaria, sus desenlaces como destrucción de modelos y huída del signo, el diálogo de su intertextualidad —la reunión de espacios insospechados— y las disímiles pero distintivas marcas de sus manifestaciones en un espacio que llamo: la novela de la modernidad hispanoamericana.

Esta investigación se inició en el Departamento de Lenguas Romances y en el Centro de Estudios Latinoamericanos de la Universidad de Florida y ·fue terminada en la Universidad Estatal de Memphis. Ambas instituciones merecen mi testimonio de gratitud por su generoso apoyo. La gestación de este ensayo debo agradecérsela al profesor Ivan A. Schulman; en el constante y fructífero diálogo que mantuviera con él por más de cinco años surge y se lleva a cabo este proyecto. Un agradecimiento muy especial también a los profesores John J. Allen y Alfred Howard por la lectura del primer manuscrito y a Pedro Lastra y Juan Loveluck por su estímulo, apoyo y sugerencias.

Memphis, Tennessee, abril 1985

INTRODUCCION

Modernismo y modernidad hispanoamericanas:
Implicaciones y proyecciones en historia literaria.

La comprensión y organización de una historia literaria no lineal y los posibles desarrollos de una crítica literaria distinta en el contexto cultural hispanoamericano deben ver en las implicaciones del distingo y descripción conceptual de las expresiones modernismo y modernidad el origen de una aproximación imprescindible. La tendencia al funcionamiento reductivo con el que se ha estudiado el desarrollo literario en Hispanoamérica y la confección de sucesivos modelos sujetos al establecimiento de operaciones divisorias cuyo afán de orden diluye el comprensivo, constituyen el estigma de una actitud crítica de prolongado predominio en el ámbito de nuestra investigación literaria.

El arraigo a formulaciones de compartimentación del acaecer literario tiene sus raíces en el inmenso desarrollo y crecimiento positivista decimonónico en las ciencias y restantes áreas de nuestra red cultural afectadas por este impacto. La convicción de que el arte es un objeto de disposición del discurso científico procede de esta concepción. Taxonomía y ordenamiento surgen como los principios esenciales de este espíritu, en el orden de una división rigurosa se apartarán características y se definirán modos de desenlace, la idea de periodización y sus derivaciones es identificada al engranaje de un sistema de rítmico y mecánico funcionamiento. El soporte de la rueda generacional se impulsa en el apoyo de un proceder omnicientífico y consolida su dominio en la consideración de que toda producción cultural es objeto de este saber. Frente al estado de una historia y crítica literarias anterior subjetiva, de atención biográfica

13

antes que textual, o de una pretensión cronológica puramente acumulativa, el hecho de la clasificación como recurso y expresión de sistema y el respaldo de su procedencia teórica se desenvolverá sin obstáculos. Sin embargo su extensión arrolladora nos enfrenta hoy al resultado de encontrarnos con una historia literaria cuyo entusiasmo de trazados cronológicos depurados e incorporados dentro de un sistema (por ejemplo, el de época, período, generación, tendencia, para citar un caso) relega la comprensión estética de la obra a la progresión de una linealidad inexistente o derivativa de modelos europeos inaplicables a la creación literaria hispanoamericana. La "naturaleza reductiva" de este tipo evolutivo de historiografía observa Angel Rama ya se base "en la teoría de los géneros (Alberto Zum Felde), en las corrientes estéticas globales (Pedro Henríquez Ureña) o en la sucesión generacional (Enrique Anderson Imbert",[1] nos otorga "una historia literaria lineal, progresiva y *sin espesor".*[2]

La distorsión de la perspectiva historiográfica anotada por Rama, se multiplica ante la reserva que la crítica adopta frente a la aparente coherencia de la distribución y señales de orden de tal propuesta. Los modos literarios modernos de representación de nuestra narrativa se deslindan bruscamente en una versión realista y otra surrealista o lo contemporáneo versus lo tradicional, se corre a la caza de la determinación de un período romántico y naturalista hispanoamericanos casi asimilados a la extensión, desarrollo y duración de sus modelos europeos, se desconoce la convivencia, superposición y sincretismo de formas, expresiones y parámetros artísticos diversos, se olvida también el entrecruzamiento de géneros y la continuidad que entre ellos se genera: "Todo ese gran espacio que en la actualidad ocupa la novela americana, ha sido un ensanchamiento de la poesía americana. Hay en algunas estrofas de Martí y sobre todo, en su *Diario,* como el preludio de lo que va a ser nuestra novela".[3] Se intenta una realización sincrónica de lo diferencial pero arbitrariamente estática, se desrelacionan los

---

[1] Angel Rama, "Sistema literario y sistema social en Hispanoamérica", en *Literatura y praxis en América Latina.* Fernando Alegría et al. (Caracas: Monte Avila Editores, 1974), p. 81,

[2] Rama, p. 82.

[3] José Lezama Lima, "Interrogando a Lezama Lima", en *Recopilación de textos sobre José Lezama Lima.* Armando Alvarez Bravo, Cintio Vitier, Roberto Fernández Retamar et al. Selección y notas de Pedro Simón (La Habana: Casa de las Américas, 1970), p. 36.

pequeños e infinitos detalles de vinculación y diálogo textuales, se celebran los elementos de ruptura sólo como los inicios de una nueva forma y la liquidación de otra, se desatiende a la virtualidad de la tradición como intensificación, se estudia la denominada "narrativa del boom" como la emergencia de una escritura inesperada, la riqueza de la narrativa del diecinueve se ahoga en la articulación de un suceder europeo que no le corresponde (neoclasicismo, romanticismo, naturalismo), se ignora la inaugural potencialidad de una narrativa de la vanguardia hispanoamericana. Taxonomía separativa, pérdida de las posibilidades intertextuales de homología, construcción de una organización sistemática cuya linealidad diacrónica vacía el complejo juego dialéctico de relaciones que toda operación sincrónica debe ofrecer.

Desde el terreno de la crítica europea el inicio de una labor teórica distinta surge. Hassan intuye: "es hora quizás de construir una nueva historia literaria",[4] Paul de Man afirma:

> Una historia positivista de la literatura tratada como una colección de información empírica puede ser sólo una historia de lo que la literatura no es... [al tiempo que] una vía preliminar de clasificación [otra] de obstáculo, de incomprensión.[5]

Desde los pasos de la creación antillana otro diálogo en la misma dirección, la reflexión lúcida de Lezama Lima: "Me parece *ilusorio fragmentar la historia de nuestra cultura en generaciones*",[6] y la audacia teórica-creativa de Sarduy: "Renunciar, en crítica literaria, a la aburrida sucesión diacrónica".[7]

Desde distintas latitudes la inseparabilidad de crítica y creación retoma en esta convergencia el rostro múltiple y conectivo de quien enfrenta el texto literario como flujo y simultaneidad. Así, para desandar la causalidad de una cronología mecánica e impracticable a la modalidad artística hispanoamericana se "retorna al magma" primero como dice Rama, o

---

4 Ihab Hassan, *The Dismemberment of Orpheus: Toward a Postmodern Literature* (New York: Oxford University Press, 1971), p. 4. La traducción es mía, asimismo las restantes aparecidas en el texto.

5 Paul de Man, *Blindness and Insight* (New York: Oxford University Press, 1971), pp. 162-163.

6 Lezama Lima, p. 39.

7 Severo Sarduy, *Escrito sobre un cuerpo: ensayos de crítica (Buenos Aires: Sudamericana, 1969), p. 66.*

se describe la naturaleza del "arco voltaico" de la expresión moderna como se puede deducir de la visión de Lezama Lima cuando explica el desarrollo del concepto generacional como brote europeo del "resentimiento."[8] Vuelta al modernismo, pero no para estudiarlo como una generación ni tampoco como época sino como impacto de génesis de la modernidad hispanoamericana; vuelta a los modernistas, no para determinar la casilla de un comportamiento generacional sino para su inscripción de relevancia en el desarrollo del continuo moderno. Vuelta al modernismo para situar el encuentro y extensión de nuestra modernidad, regreso, en suma, al centro de la modernidad misma, regreso a la totalidad naciente y al trazado del arco que figura, vía-búsqueda de una convergencia diferencial: si el modernismo es origen, la modernidad despliegue; si el modernismo hecho, la modernidad actuación; si el modernismo trazado, la modernidad figuración; si el modernismo acto de la palabra, la modernidad presión de una sensibilidad. Mientras el modernismo es la expresión vertical de la modernidad, ésta es la expresión horizontal de una sensibilidad y de una época. El modernismo es el modo de una escritura, la modernidad una escritura en sí misma; el modernismo es el desarrollo de una estética, la modernidad el desarrollo de modos que se niegan y continúan entre sí.[9]

La comprensión del modernismo como inicio e inscripción de una estética expansiva en el proceso plural que los modos de la modernidad asumen y el delineamiento de la modernidad como incorporación del modernismo a su propia génesis, es decir, como la primera fase de un despliegue de modos cuyo signo se tonifica en la inestabilidad del cambio de la propia estética modernista supone el proyecto de una historia literaria que pueda establecer el trazado de una continuidad cultural como *escritura* y describir la dinámica del cambio de este continuo como *modos* que reúnan la articulación dialéctica de toda crisis entre asimilación, intensificación y renovación.

---

[8] Lezama Lima explica que su oposición al suceder generacional no reviste una actitud antihistórica: "Creo que *la negación de las generaciones no es la negación de lo histórico*. A mi manera de ver, el concepto de generaciones surgió un poco del resentimiento de Schiller [de los hermanos Schlegel, errata aclarada por Lezama Lima] frente a Goethe". Lezama Lima, p. 38.

[9] Los conceptos de escritura y modo (horizontalidad y verticalidad) pueden verse en Roland Barthes, *Le Degré Zero de l'écriture* (París: Editions du Seuil, 1953).

CAPITULO I

MODERNISMO Y MODERNIDAD: ANTECEDENTES Y DESARROLLOS

Este ensayo nace de lecturas y reflexiones en torno al modernismo y a la novela modernista y lo rebasa al mismo tiempo al involucrar un concepto engarzado a aquél, pero de vectores y proyecciones más amplias: el de modernidad.[1] La extensa bibliografía existente en torno al término y alcances del modernismo tanto en su versión reductiva (corto período generacional) como en su versión espacializada (extensión epocal) indica la necesidad de trazar —con antelación al desarrollo de la idea de modernidad— una síntesis que refleje las direcciones básicas de ambos enfoques. Perspectivas que examinadas contemporáneamente erigen ya una tradición en lo que respecta al ensayo crítico sobre el modernismo.

La aproximación más tradicional respecto del término ha sido hecha sobre la consideración de que el modernismo fue

---

[1] En el capítulo siguiente indago sobre los alcances y aproximaciones en torno al concepto de modernidad; sin embargo, esta primera sección no está planteada sólo como una revisión sintetizada de los diseños y teorías que se conocen sobre el modernismo como la realizada, por ejemplo, por Ned J. Davison, *The Concept of Modernism in Hispanic Criticism* (Boulder, Col.: Pruett Press, 1966), quien agrupa las principales corrientes de opinión sobre el tema en tres apartados: The Consensus, Modernism as Aestheticism y The Epochal View. Esta revisión es *crítica* y no lineal, no tiene el mero propósito mostrativo de una disputa historiográfica, sino valorativa en lo que respecta a procedimientos de historia y crítica literaria. Es al mismo tiempo un examen que permite establecer varios aspectos sobre el modo de surgimiento del concepto de modernidad y su vinculación a cierta tradición. La fundamentación de la confrontación de la crítica hecha aquí radica además en la necesaria polarización de los términos modernismo y modernidad como un antecedente previo al desarrollo del concepto a describir en este ensayo.

17

un movimiento que se expresó artísticamente en un período único que comprendió una generación o tendencia determinadas.[2] Salvo raras excepciones, casi siempre se precisa las fechas de inicio y término, y se circunscribe su existencia a la duración de lo que se considera fue una "sensibilidad", "un sistema de preferencias", un círculo intenso de corta vida. Una de las acotaciones conocidas ciñe este "movimiento" a los años 1905-1919 (como años de vigencia) y determina que se trata sólo de una sensibilidad desarrollada en el interior de un período que constituiría: "la Segunda Generación Naturalista".[3] Así, el modernismo queda descrito y localizado como una generación dentro de un período, una forma dentro de otra forma que responde a una representación de la realidad que es la que comporta el sistema en que se inscribe, es decir, el naturalismo: "La representación de la realidad lleva los signos propios *del fuerte carácter cientifista de la tendencia,* los que van a gravitar muy especialmente en la interpretación de la realidad".[4] No me detendré a analizar las implicancias de esta comprensión sobre el concepto en cuestión, pero sí señalaré que para gran parte de la crítica dedicada a este problema esa óptica resulta en la contrapartida de lo que el modernismo constituyó, a saber una fuerza estética que reacciona a las tendencias cientifistas de la época y por ende al naturalismo.[5] Por cierto, no todas las co-

---

[2] Omito toda la discusión y crítica inicial sobre el modernismo que ya ha sido reseñada. Por ejemplo, aquella que no veía en él sino una expresión del decadentismo o aquélla que lo consideró un movimiento puramente evasivo o escapista, etc., creo que esto es ya terreno agotado. Parto de una crítica que al menos reconoce la importancia del modernismo, su influencia y extensión en la literatura hispanoamericana.

[3] Cedomil Goić, *Historia de la novela hispanoamericana* (Valparaíso, Chile: Ediciones Universitarias de Valparaíso, 1972), p. 128.

[4] Goić, pp. 105-106. El subrayado y los que aparezcan en adelante corresponden a la intención de dar énfasis a contenidos que quiero destacar en función del análisis propuesto, por tanto en citas posteriores mencionaré este hecho sólo si el subrayado corresponde al texto original. Mario Rodríguez Fernández al describir el pensamiento de Rodó destaca la relación que el pensador uruguayo hizo del modernismo al naturalismo literario y al positivismo filosófico, pero indica también la compleja significación que Rodó le atribuyera: *"Modernismo vendría a indicar, así, un complejo de significaciones profundas.* Por una parte, una ideología fundada en el positivismo y en el naturalismo y, por otra, la expresión, en literatura, de un sentido propio (el anárquico idealismo) de la existencia contemporánea". *El modernismo en Chile y en Hispanoamérica* (Santiago, Chile: Universitaria, 1967), p. 17.

[5] Octavio Paz, por ejemplo, señala: "El modernismo fue la respuesta al positivismo, la crítica de la sensibilidad y el corazón —también de los nervios—

rrientes de opinión que han debatido este aspecto agotan el surgimiento del modernismo a un puro movimiento de acción y reacción ni tampoco creen que el naturalismo haya tenido una existencia y desarrollo extensivo en la literatura hispanoamericana, pero es ya indicador temprano de una polémica que no sólo está ligada al concepto modernismo sino que también a una diferente visión en lo que concierne a la historia literaria misma y a los procesos de desarrollo de ésta. Esta disputa deja herederos en ambos campos y convergerá en modos de aproximación a la obra literaria frecuentemente disímiles.

En el texto *El Modernismo en Chile y en Hispanoamérica,* también se propondrá —luego de una revisión sumaria de la crítica inicial sobre el modernismo— su estudio como una sensibilidad desarrollada en la segunda generación naturalista.[6] Su duración se centra aquí también en torno al de la vigencia que un período tiene, comprensible reducción si se considera que la metodología central del ensayo citado sigue la idea de que la historia literaria puede organizarse de modo positivista a través de un sistema de generaciones y la creencia, por ende, de que tal ordenamiento conduce a una adecuada comprensión y análisis de la obra literaria.[7]

El sostenimiento de tal fundamento conduce a su autor al rechazo de la extensión que Federico de Onís hizo del término, en especial la amplia proyección que se considera excesiva y el carácter "psicohistórico" de la "causalista" teoría artística, "es decir, en aquella particular concepción del arte como formas simbólicas que *expresan* 'el espíritu de una época'..."[8]

---

al empirismo y el cientismo positivista." Y, "...*el modernismo fue un estado de espíritu.* O más exactamente: por haber sido *una respuesta de la imaginación y la sensibilidad al positivismo y a su visión helada de la realidad,* por haber sido un estado de espíritu, pudo ser un auténtico movimiento poético." Finalmente, agrega: "Entre nosotros el modernismo fue la necesaria respuesta contradictoria al vacío espiritual creado por la crítica positivista de la religión y de la metafísica". *Los hijos del limo* (Barcelona: Seix Barral, 1974), pp. 126, 127, 128.

[6] Lo expone así Mario Rodríguez Fernández: "En este esquema de tendencias y generaciones, *el modernismo* corresponde a la sensibilidad, al sistema de preferencias, de la segunda generación, dentro de las tres que caen bajo la vigencia del naturalismo". [p. 33]. El subrayado es del texto.

[7] Las aproximaciones que hago sobre el concepto de modernidad y la perspectiva en que analizo las novelas de la modernidad, colocan a este ensayo en una posición teórica absolutamente discrepante respecto de la idea generacional o de la visualización del modernismo, por ejemplo, como una tendencia literaria.

[8] Rodríguez Fernández, p. 21. El subrayado corresponde al texto.

Así, la versión del profesor Rodríguez Fernández —tal como él lo expone— es la del modernismo como la expresión de una sensibilidad generacional. Sin embargo, hay aspectos en su ensayo que revelan un acercamiento más amplio de lo que la mera asunción metodológica supone; por ejemplo al examinar la contradictoria y compleja naturaleza que el término dispersa cuando la violencia de una definición trata de aprehenderlo:

> Nos encontramos frente a una tendencia literaria a la que le *conviene* una diversidad de referencias, porque su *rasgo básico es la multiplicidad de aspectos,* de caras que la conforman. Por lo tanto, podemos postular desde ya que el *polifacetismo* es la condición más propia del modernismo.[9]

Asimismo, sus conclusiones sobre el carácter sincrético y polifacético del modernismo —"En este movimiento *no sólo coexisten diversas tendencias literarias* — romanticismo, parnaso, naturalismo, simbolismo, agonía romántica —que por esencia, son contradictorias, sino que, también, distintas formas de espíritu, encontradas épocas históricas".[10]— muestran una actitud y flexibilidad sobre el enfoque, que, en verdad, tiende a separarse de la inicial postulación metódica.

Hay otra corriente crítica que expande retrospectivamente las fechas de extensión del modernismo a los años 1885-1915, fijación que conlleva aún la idea de período y de vigencia como momentos concentrativos de expansión y límite, sin más articulación que la que el círculo dicta.

En un artículo orientado a examinar algunas de las raíces ideológicas del modernismo hispanoamericano, se observa, precisamente; la tendencia de una multiplicadora iniciativa crítica en el sentido que hemos señalado.[11] El acercamiento —aquí encontrado— sobre los límites del término, concluye, también en la idea de período:

> El modernismo, en sus limitaciones y en su grandeza, corresponde a una etapa singular, perturbada y crítica del desarrollo de los pueblos hispanoamericanos y, al respecto quizás convendría también tener en cuenta que en

---

[9] Rodríguez Fernández, p. 20.

[10] Rodríguez Fernández, p. 124.

[11] Yerko Moretić, "Acerca de las raíces ideológicas del modernismo hispanoamericano", *Philologica Pragensia.* [Praga] 8 (1965), 45-53.

ningún *otro período literario* los intelectuales sufrieron
con tal agudeza los embates aniquiladores del aparente
caos social.[12]

No obstante, al establecerse una indagación sobre las vinculaciones ideológicas y los problemas de desarrollo social con
relación a lo artístico se rechazarán consideraciones puramente formales para enfrentar cualquier discusión respecto de la
literatura modernista. Direcciones sugerentes de este escruti-
nio —y que apuntan a los conceptos de crisis, individualismo,
desintegración de un determinado tipo de conciencia social, expresión ideológica— son indicadores de la manera como se enfrenta la compleja naturaleza del problema y de una actitud
crítica llevada más allá de una determinación únicamente orgánica y social.

Por ejemplo, una de las sugerencias de Moretić trasladá
su visión sobre este problema a un plano de discusión que es
posible también incorporar respecto de uno de los delineamientos significativos de la modernidad. Al reseñar la polémica entre Manuel Pedro González y Juan Marinello sobre el hecho
de si Martí habría desarrollado una estética modernista en su
obra literaria o por el contrario expresaría en ésta un desacuerdo
fundamental con ese movimiento, afirma que además de las
diferentes versiones con que ambos críticos enfrentaron la idea
de modernismo y la consideración de la relación obra-sociedad,
habría que tomar en cuenta también la divergencia en términos de la disímil visión que allí primó respecto de la obra literaria misma. Es decir, que de acuerdo a la determinada concepción que se tenga sobre el hecho literario, el problema de
fechas, fijación, incorporación, vigencia, límites, etc., vendría
a ser secundario, no-determinante; sin embargo, como los esquemas y aseveraciones relacionados a fechas y periodizaciones eran comunes (y en algunos casos lo siguen siendo) en la
mayoría de la crítica conocida sobre el modernismo, no parecía sencillo el intento de una aproximación que se alejara de
aquella práctica.

Un claro ejemplo de un texto que tuvo que afrontar la crítica adversa lo constituyó el ensayo *Génesis del modernismo:
Martí, Nájera, Silva, Casal* en el cual el enfoque de la obra literaria de estos cuatro autores se propone dentro de un diseño

_____

[12] Moretić, pp. 52-53.

21

de raíz plenamente modernista.[13] Este estudio es uno de los textos valiosos en torno al intento de revaloración sobre el proceso y fenómeno que describo, corresponde a un momento de la crítica literaria que siente la necesidad de abrir cauces más desenvueltos y amplios respecto del proceso literario hispanoamericano.[14] A dieciocho años de la publicación de esta obra, parece ya superfluo discutir la modernidad de Martí, Gutiérrez Nájera, y Casal, y seguir insistiendo que el modernismo se inicia con Rubén Darío, sin embargo, hasta la década del sesenta —con contadas excepciones— se había considerado que estas figuras (Martí, Gutiérrez Nájera, Casal) constituían sólo el preámbulo. Las formulaciones sobre los denominados "precursores" del modernismo eran frecuentes, especialmente, por falta de perspectiva histórica, pero sobre todo debido a la sujeción respecto a límites de fechas, vigencia generacional, etc.; en suma, podría decirse utilizando una metáfora de Arqueles Vela, un pensamiento crítico que desdeña pretéritos y porvenires, un modo de establecer la génesis y el apocalipsis en su venero formal antes que contextual.

Las observaciones que Octavio Paz ha hecho sobre el problema se distancian de las previas aproximaciones a las que he aludido, por cuanto en sus análisis la noción de modernismo estará siempre vinculada —o en relación— a la de la modernidad; lo que le permitirá desarrollar asociaciones comunicantes y dialécticas entre ambos conceptos que desplazan la idea de "lectura fechada" o circunscrita respecto del modernismo entendido como "movimiento literario".

---

[13] Ivan A. Schulman, *Génesis del modernismo* (México: El Colegio de México and Washington University Press, 1966).

[14] Los primeros planteamientos de este tipo —especialmente con relación a la modernidad de Martí— se encuentran en los escritos de Federico de Onís; véase, por ejemplo, "Martí y el modernismo" en *España en América*. Ediciones de la Universidad de Puerto Rico (Madrid: Librería Villegas, 1955), pp. 622-632. Conocidos son también los ensayos de Manuel Pedro González sobre Martí y su vinculación al modernismo. Entre los más importantes de ellos citemos, *Indagaciones martianas* (Santa Clara, Cuba: Dirección de Publicaciones, Universidad Central de las Villas, 1961), especialmente el capítulo: "Martí, creador de la gran prosa modernista", pp. 141-195. Respecto de Gutiérrez Nájera, uno de los primeros en advertir sobre el carácter definitivamente moderno de su poesía fue Arqueles Vela, quien señalara: "Gutiérrez Nájera —el primero en la América Hispana— estructura su verso con las modalidades modernistas: fluencia musical de la palabra y plasticidad de la materia sonora". *Teoría literaria del modernismo: su filosofía. Su estética. Su técnica* (México: Ediciones Botas, 1949), p. 75.

Esta aseveración sobre los textos críticos del escritor mejicano parece revelar una contradicción: el hecho de que Paz ya en varios artículos y ensayos haya hecho delimitaciones cronológicas respecto de la extensión del modernismo, cronología que por lo demás ha variado de un texto a otro. Por ejemplo, en "El caracol y la sirena" un ensayo sobre el modernismo y Rubén Darío, señala: "La historia del modernismo va de 1880 a 1910 y ha sido contada muchas veces"[15] y en *Los hijos del limo* marca el mismo inicio: "Hacia 1880 surge en Hispanoamérica el movimiento literario que llamamos *modernismo*", pero le atribuye un cierre distinto que supone ocho años más de extensión, "el modernismo se extingue hacia 1918".[16] Finalmente, en *El signo y el garabato*, "El 'modernismo' (1890) y la vanguardia (1920) nacieron en Hispanoamérica y de allí fueron trasplantados a España".[17]

Este afán delimitativo en el caso de Paz se aleja completamente del de la crítica tradicional por dos razones fundamentales. La primera tiene que ver con la comprensión global que ha hecho sobre la época moderna: "ese período que se inicia en el siglo XVIII y que quizá llega ahora a su ocaso",[18] es decir, la existencia de una modernidad que en el terreno de lo hispanoamericano no se inicia con el romanticismo por ausencia —básicamente— de su raíz espiritual, el protestantismo,[19] sino

---

[15] Octavio Paz, "El caracol y la sirena", *Cuadrivio* (México: Mortiz, 1965), p. 13.

[16] Paz, *Los hijos* p. 136.

[17] Octavio Paz, *El signo y el garabato*, 2.ª ed. (México: Mortiz, 1975), p. 157.

[18] Paz, *Los hijos*, p. 134. Asimismo, Paz le impugna a la crítica el hecho de haber visto en el modernismo sólo una tendencia literaria: "Nuestra crítica ha sido insensible a la dialéctica contradictoria que une al positivismo y al modernismo *y de ahí que se empeñe en ver al segundo únicamente como una tendencia literaria* y, sobre todo, como un estilo cosmopolita y superficial". *Los hijos*, p. 127.

[19] Afirma Paz: "El romanticismo nació en Inglaterra y Alemania no sólo por haber sido una ruptura de la estética grecorromana sino por su dependencia espiritual del protestantismo". *Los hijos*, pp. 92-93. Con anterioridad, Manuel Pedro González había negado también la existencia de un auténtico romanticismo hispanoamericano, la razón que él arguía enfatizaba lo social y lo económico: "No es aventurado afirmar que sin el desarrollo industrial que se produce en Inglaterra, Alemania y Francia entre 1680 y 1870; sin el auge que cobran el comercio, la navegación y la banca durante estos cien años en dichos países; sin la revolución que en ellos se operó en su respectiva economía... el romanticismo no hubiera surgido ni alcanzado la intensidad ni las formas que revistió en el momento en que apareció." Consecuentemente, debi-

con el modernismo y que vendría a extinguirse con el término de las vanguardias artísticas —ergo de la era moderna— cuyas formas extendidas o desarrolladas hasta nuestra década comienzan a desvanecerse al mismo tiempo que sectores de la sociología hablan de las visibles contradicciones del sistema capitalista.

En términos sociológicos también —y especialmente en Norteamérica— la época moderna habría ya cedido lugar al surgimiento de lo que se considera la nueva era post-industrial o post-moderna. Estén basadas o no las observaciones de Paz —con relación al problema de extensión y desarrollo histórico de lo moderno— en la discusión sociológica, el hecho es que la modernidad iniciada en el siglo XVIII, surgida como una reacción a la Ilustración en su origen, despliega sus fases desde el romanticismo a las vanguardias en Europa y desde el modernismo a las vanguardias en Hispanoamérica, disipándose progresivamente en nuestra actualidad.[20]

La segunda diferencia dice relación con las razones de continuidad y engarce que Paz observa entre una fase y otra:

> Los grandes poetas modernistas fueron los primeros en rebelarse y en su obra de madurez van más allá del lenguaje que ellos mismos habían creado. *Preparan así, cada uno a su manera la subversión de la vanguardia:* Lugones es el antecedente inmediato de la nueva poesía mexicana (Ramón López Velarde) y argentina (Jorge Luis Borges).[21]

---

do a la ausencia de un desarrollo similar en Hispanoamérica: "En los países hispanos, el romanticismo no fue un brote autóctono y espontáneo sino una moda tardíamente importada". *José María Heredia, primogénito del romanticismo hispano: ensayo de rectificación histórica* (México: Fondo de Cultura Económica, 1955), pp. 13-14; p. 40.

[20] Dos observaciones son aquí necesarias: a) con relación a romanticismo español y b) con relación a modernismo hispanoamericano. A) Señala Paz que se muestra de acuerdo con la idea del estudio de Edmund L. King, "What is Spanish Romanticism?" *Studies in Romanticism*, 1, II Otoño, 1962, de un débil romanticismo español debido a: "la pobreza del neoclasicismo español y la ausencia de una auténtica Ilustración en España". Pero no comparte la idea de que el *krausismo* habría constituido un reemplazo para la ausencia del romanticismo porque éste: "fue una filosofía, no un movimiento poético". B) En el caso de Hispanoamérica, el positivismo sí habría actuado como, "equivalente... de la Ilustración europea" y por esta razón sería posible plantear que el modernismo reaccionando al positivismo correspondió al romanticismo del que carecemos, pero —aclara— "...no fue el original de 1800, sino su metáfora". *Los hijos*, pp. 216-217.

[21] Paz, "El caracol y la sirena", p. 13. En un excelente ensayo sobre el modernismo, Saúl Yurkievich establece también el vínculo entre modernismo y

La vanguardia no es la negación del modernismo; por el contrario, éste es su campo de preparación. Vínculos de continuidad entre una etapa y otra, pero además conexiones que atraviesan la modernidad toda, que van desde su fin hasta el origen, temas de la literatura contemporánea que remiten al inicio, motivos, búsquedas y desarrollos de la literatura modernista que se proyectan hasta hoy, el gran diálogo:

> [El modernismo] Entendido como lo que realmente fue —un movimiento cuyo fundamento y meta primordial era el movimiento mismo— aún no termina: la vanguardia de 1925 y las tentativas de la poesía contemporánea están íntimamente ligadas a ese gran comienzo.[22]

Así, la cronología de Paz en relación al modernismo no está relacionada a una concepción positivista de la literatura —organización de la historia literaria como el suceder de generaciones— ni a una estrategia de periodizaciones basadas en la idea de sistema de preferencias. Por tanto creo que en su caso ese afán delimitativo que indicara se encuentra en varios de sus textos traduce sólo la posibilidad de diferenciar las distintas fases de la modernidad y la voluntad de vincularlas en su desarrollo dialéctico, operativo. Prueba de este hecho es que él niega la certeza con que historiadores y críticos estudian un período romántico en la literatura hispanoamericana, al cual le suelen atribuir las mismas o similares características, desarrollo, motivos y extensión que el romanticismo había tenido en Europa.

En verdad, para Paz, un movimiento así nunca existió en nuestra literatura. Nuestro primer gran movimiento literario y artístico, señala, no reaccionó a la Ilustración como fue el caso del romanticismo europeo, sino al positivismo y este movimiento se llama modernismo que pudiera entenderse en su versión como "nuestro verdadero romanticismo" pero, jamás como "repetición" sino como "metáfora".

Como se aprecia, una concepción sobre lo estético ni formalista (desvinculativa) ni determinista, sino que pone en re-

---

vanguardia: "Con perspectiva casi secular, podemos hoy establecer la conexión causal entre modernismo y primera vanguardia". Y, "Vamos a intentar una lectura de Darío desde la perspectiva de la vanguardia, tomándolo como iniciador de Huidobro y de Vallejo, quienes empiezan su obra donde la dejó Darío". *Celebración del modernismo* (Barcelona: Tusquets, 1976), p. 7 y p. 25.

[22] Paz, "El caracol y la sirena", p. 12

lación —aún cuando ésta resulte paradojal y contradictoria— el surgimiento y el desenvolvimiento de los movimientos artísticos con las formas de desarrollo espiritual, económico y social que dan sentido al proceso histórico de una época, en este caso: el de la modernidad.

Los planteamientos de Octavio Paz que he expuesto aquí, no sólo revelan la complejidad de la relación modernismo-modernidad y de los alcances de ambos términos, sino que ponen a la vista también la existencia de dos notorias líneas de pensamiento crítico preocupadas sobre la naturaleza y definiciones de estos conceptos, en especial el de modernismo que concurre como punto de partida de la modernidad hispanoamericana.[23]

En verdad, la idea de que el modernismo era algo más que una "escuela literaria", "un período", "una tendencia generacional", o "un movimiento literario" con un conjunto de características atribuibles y desglosables a modo de código o plataforma, arranca desde la ya tradicional y visionaria observación de Federico Onís para quien el fenómeno modernista es la expresión de una *crisis* espiritual y cultural que no afectó exclusivamente a lo literario, sino que se habría desarrollado también en todos los niveles de lo social: lo científico, lo religioso, lo político y lo artístico.[24] El concepto de crisis

---

[23] Sin olvidar la tradición crítica sobre la modernidad iniciada por de Onís y continuada por Jiménez, Gullón, M.P. González, y Schulman, los ensayos de Octavio Paz junto con los de Saúl Yurkievich (éste en el campo de la lírica) constituyen dentro de la actual crítica hispanoamericana dos valiosísimas y fundamentales aproximaciones en torno a las postulaciones discutidas en este ensayo y respecto de la bibliografía crítica hispánica que revisara para el tema. En las secciones siguientes indago sobre el concepto de modernidad, búsqueda que no necesariamente se liga a todas las implicancias posibles de desprender del análisis de Paz. La idea de "dos escuelas críticas" sobre el problema del modernismo fue señalada por Ivan A. Schulman en *El modernismo hispanoamericano* (Buenos Aires: Centro Editor de América Latina, 1969), pp. 8-9.

[24] El planteamiento de Federico de Onís sobre el modernismo fue convertido en una de las citas más frecuentes en las revisiones y estudios críticos sobre el tema, sin embargo, las totales implicancias derivables de esta visión no se han examinado cabalmente: "El modernismo es la forma hispánica de la crisis universal de las letras y del espíritu que inicia hacia 1885 la disolución del siglo XIX y que se había de manifestar en el arte, la ciencia, la religión, la política y gradualmente en los demás aspectos de la vida entera, con todos los caracteres, por lo tanto, de un hondo cambio histórico cuyo proceso continúa hoy". Federico de Onís, *Antología de la poesía española e hispanoamericana (1882-1932)* (Madrid: Casa Editora Hernando, 1934), p. XV.

es, pues, en esta consideración fundamental, como también los rasgos distintivos que la afectan: la noción de cambio y la idea de proceso histórico.

El modernismo así enfocado convoca todos los rasgos de una tonalidad epocal y no los de una forma literaria o generacional. Como ya lo indicara, una de las vertientes críticas objeta esta concepción por considerarla: a) una teoría psicohistórica del arte, "lo vicioso estriba en ver en el contexto histórico la causa y razón inmediata del modo de ser de la obra",[25] y b) la excesiva amplitud con relación a la extensión del movimiento que generaría tal consideración:

> Cualquiera conciencia vigilante de nuestra época y más o menos informada del verdadero carácter de nuestra contemporaneidad, no puede dejar de rechazar una afirmación de este tipo, que tiende a amplificar de un modo excesivo la dimensión de un movimiento literario, proyectándolo hacia zonas que, en verdad, no ha tocado.[26]

La primera objeción me parece una conclusión que no corresponde al tono ni puede constituir una derivación de lo que de Onís expresara. No hay en su planteamiento ninguna voluntad determinista o causalista respecto de la relación obra de arte y *expresiones* del desarrollo histórico, cultural o social; por el contrario, lo que él ha argüido es la *vinculación* — no la causa o consecuencia— de las formas y estados que una sociedad desenvuelve en su acaecer histórico y las manifestaciones y surgimiento de determinadas modalidades artísticas.[27] En este sentido, los conceptos utilizados, el de crisis, el de cambio, y el de proceso histórico involucran una configuración rica y compleja sobre la naturaleza dialéctica de la relación entre lo estético y el suceder histórico espiritual.

---

[25] Rodríguez Fernández, p. 21.

[26] Rodríguez Fernández, p. 21.

[27] El desiderátum de artista lo expone de Onís citando a Martí: "No será escritor inmortal en América... sino aquel que refleje en sí las condiciones múltiples y confusas de esta época". El ideal del que se enfrenta a la literatura lo revela él mismo: "Nuestro deber como historiadores de la literatura *consiste en esforzarnos por ver la unidad de la época* llegando a una concepción de ella en la que convivan todos los que la crearon, con sus semejanzas y sus diferencias. Y en esta época modernista, que tuvo como móviles la libertad, la innovación y el subjetivismo, son más significativas las diferencias que las semejanzas". Véase, "Martí y el Modernismo", pp. 623-626.

Una de las implicaciones fundamentales de este pensamiento es la de ver en el modernismo no sólo la de un movimiento literario que surge como reacción a otro movimiento literario [28] o como respuesta a una tendencia filosófica o social determinadas, sino la de sorprender primero las relaciones de conjunto a propósito de la construcción arte-historia y la de establecer luego las direcciones primordiales advertibles en las estructuraciones y contenidos espirituales de una época.[29] En relación a la segunda objeción, es necesario aclarar al menos dos aspectos de la teoría de Federico de Onís, puesto que constituye una de las críticas más generalizadas y uno de los malentendidos más difundidos en torno a su pensamiento.

En primer lugar, de Onís pone en relación los conceptos de Modernismo y Renacimiento ante la insuficiencia con que la crítica inicial había reducido el inicio modernista a una escuela poética que traducía la influencia francesa especialmente respecto de la forma. Es la misma necesidad de rectificación que lo llevara a reinterpretar la concepción simplificada existente sobre el Renacimiento español cuya crítica rezagada quedaba al margen de la ya incipiente y "amplia concepción del Renacimiento europeo".[30] El paralelo es para de Onís significativo en cuanto a la similitud de la errónea perspectiva: el equívoco de caracterizar al modernismo como mera manifestación de estilos extranjeros es el mismo que existió respecto del Rena-

---

[28] Al trazar uno de los rasgos esenciales de la literatura hispanoamericana, señala de Onís: "...en [la literatura americana] *coexisten, aun en los mismos autores, tendencias literarias que en Europa fueron fases sucesivas incompatibles las unas con las otras...* el escritor americano al afirmar y realizar algo nuevo no niega lo anterior ni renuncia a ello, sino que lo integra en una superposición de épocas y escuelas que conviven armónicamente... No es, por lo tanto, la escuela, sino la diversidad de escuelas, lo que caracteriza al Modernismo hispanoamericano...". Véase, "Sobre el concepto del modernismo", *España*, p. 179.

[29] Con toda la importancia y proyecciones del pensamiento de F. de Onís que Y. Moretić reconoce —desde su posición ideológica— ha criticado aspectos que el sindica como idealistas: "La noción de 'crisis' se encuentra en numerosos estudios sobre el Modernismo, aunque varían mucho los alcances que a ella se le da. *Notable por la profundidad que encierra, pese a su idealismo, es el concepto de Federico de Onís,* quien, sin embargo, infiere una consecuencia, si no enteramente inexacta, bastante engañosa, pues al subrayar el 'descubrimiento de la originalidad americana' revierte y magnifica la negatividad esencial subyacente en el Modernismo". [P. 47].

[30] F. de Onís, "El concepto del Renacimiento aplicado a la literatura española", *España,* p. 288.

28

cimiento español que era reducido sólo a un modo artístico que seguía: "la influencia italiana y clásica".[31] Este es, en realidad, el origen de tal comparación; símil que lo lleva a buscar una comprensión distinta no sólo sobre el problema del surgimiento de movimientos artísticos sino que también respecto de la vinculación de éstos a las condiciones y procesos que marcan y regulan la continuidad histórica epocal.

El rechazo de la noción de escuela, "mirar el modernismo como una escuela es destruir su propia esencia",[32] envuelve precisamente la consideración teórica que acabamos de señalar, es decir, los desarrollos artísticos no son formas ni conjuntos de características atribuibles únicamente a la originalidad de una generación o grupo o a la influencia *de* o reacción *a* otras "escuelas", sino que estarán siempre ligados a vectores más amplios y proliferativos de los elementos totales del complejo socio-cultural.

En segundo lugar, la referencia a la "excesiva dimensionalidad" que el concepto de Federico de Onís provoca, generalmente hace mención a la impropiedad de su extensión, esto es, una suerte de inaceptable amplificación y generatividad en lo que concierne a los límites de todo movimiento literario. Sin embargo, lo que no se tiene en cuenta —cuando se hace este tipo de observación crítica— es el hecho de que de Onís no continúa utilizando en sus ensayos para la designación de modernismo el término "movimiento literario". Una de las frecuentes omisiones sobre este tema es la idea que expusiera en el artículo "Martí y el Modernismo", presentado al Congreso de Escritores Martianos en 1953 donde señala:

> *Nuestro error está en la implicación de que haya diferencia entre 'modernismo' y 'modernidad',* porque modernismo es esencialmente como adivinaron los que le pusieron ese nombre, la busca de modernidad.[33]

Al trabar la relación modernismo-modernidad, es evidente el abandono de la idea de modernismo como movimiento literario, escuela o generación; de Onís busca una connotación más amplia para la comprensión del fenómeno que llega finalmente a la consideración de época, pero cuando esta operación ha

---

[31] F. de Onís, "Sobre el concepto", p. 175.
[32] F. de Onís, "Martí y el modernismo", p. 623.
[33] F. de Onís, "Martí y el modernismo", p. 625.

ocurrido ya no podemos inferir que lo que se quiere expandir y ampliar corresponde a los límites de un "movimiento" sino que tiene que ver con el surgimiento de una sensibilidad y un concepto: el de modernidad. En otros términos su intencionalidad no es la de extrapolar las fechas de un círculo, sino la de generar una visión global, compleja en lo que a historia literaria y captación de lo estético concierne. Federico de Onís no desarrolló el concepto de modernidad ni siguió utilizando el término, pero indudablemente en su pensamiento están las raíces de una percepción aún vigente.[34]

La sensible intuición y perceptividad de los alcances de Federico de Onís han desarrollado una resonancia que pervive hoy. Desde aquí el inicio de una sólida tradición —en relación al tema de la modernidad hispanoamericana —se ha instaurado. Su visión al respecto fructificó en una de las dos manifiestas direcciones críticas que habíamos mencionado y su pensamiento constituyó —para una u otra versión— una clave de referencia insoslayable.

Juan Ramón Jiménez, por ejemplo, en un seminario sobre el modernismo realizado en la Facultad de Humanidades de la Universidad de Puerto Rico en 1953,[35] desarrollaba con detalle la noción epocal del modernismo exponiéndola a través de variados hechos literarios y escritores y desalojando de nuevo la posibilidad de estudiar a este movimiento como una escuela:

> El movimiento modernista, no [es una] escuela; *bajo él caben todas las ideologías y sensibilidades*... la perspectiva del modernismo es ésta. Todo gran movimiento artístico, literario, social... generalmente ocurre durante un

---

[34] En el año 1934, en *Antología de la poesía española e hispanoamericana (1882-1932)*, Federico de Onís esboza la idea del modernismo como "la forma hispánica de la crisis universal de las letras y del espíritu". La frecuente asociación que la crítica hacía del término modernismo a escuela, generación, o movimiento, creó una imagen difícil de extirpar. Al continuar de Onís utilizando el vocablo modernismo y tratar de infundirle una connotación distinta chocó con la imagen y acepciones que ya poseía. Constituyó uno de los problemas terminológicos que él no se decidió a resolver. De la crítica anterior al texto que acabamos de señalar, Ricardo Gullón destaca un artículo de José Nogales [dado a conocer por J. M. Martínez Cachero] quien a comienzos de este siglo (1907?) también rechazaba la concepción del modernismo como escuela. Véase, *Direcciones del modernismo* (Madrid: Gredos, 1963), p. 29.

[35] Publicado nueve años más tarde, *El Modernismo: notas de un curso (1953)* (México: Aguilar, 1962).

siglo: una aparición, una plenitud y una decadencia, un tránsito hacia otra cosa... ese siglo modernista no empieza en el 1900. *El siglo modernista* empieza veinte años antes de terminar el siglo XIX, poco más o menos... Que estemos ya en el 1953 y que se siga hablando de modernismo es muy importante... Eso quiere decir que tiene mucha vida todavía. *La idea de que el modernismo fue una escuela fugaz, etc., es una idea falsa;* solamente [la] sustentan hoy las personas poco enteradas, como una cosa cómoda, un asunto cómodo que no hay que volver a revisar. Pero no es así, al final del siglo XIX empieza en el mundo un nuevo desarrollo de ideas...[36]

El rechazo a la posibilidad de estudiar al modernismo como una escuela intenta primero —como en el caso de F. de Onís— una estimación distinta del proceso artístico, relación a otros contextos y amplitud focal en el establecimiento de su apertura y posterior progresión y se dirige luego a corregir y desterrar la posibilidad de una historia literaria a través de generaciones.

Cuando Juan Ramón Jiménez deja entrever la posibilidad de hablar de escuelas sólo lo hace como etapas dentro de un extenso movimiento de época: "dentro del Renacimiento caben Miguel Angel, Tiziano, Rafael... de escuelas completamente diferentes",[37] y expresó abiertamente su invectiva en contra de la idea de generación: "Eso que se suele llamar generación, se considera de una manera errónea. Una generación en literatura no es el grupo de hombres de la misma edad que escriben en una misma época."[38] Este rechazo al estudio del movimiento como tendencia literaria es el que le permite abrir las compuertas de lo moderno y la modernidad. El modernismo para él deviene actitud, una disposición "de entusiasmo y *libertad hacia la belleza".*[39]

De nuevo, el aspecto resaltante de una versión determina-

---

[36] J. R. Jiménez, pp. 61, 249-250.

[37] J. R. Jiménez, p. 262.

[38] J. R. Jiménez, p. 262. Agrega al respecto: "Yo creo que no hay más que una generación, la de un maestro y sus discípulos. El maestro genera un grupo y por eso lo que quedan del Renacimiento son escuelas, quedan escuelas: la escuela de Leonardo, la escuela de Miguel Angel. La escuela, pero nadie dice la generación de Shakespeare, ni la generación de Cervantes, aun cuando la generación de Cervantes sea Góngora y Lope de Vega, nadie lo dice". [pp. 262-263].

[39] Citado por Ricardo Gullón, p. 33.

da acerca del modernismo concluye para nosotros en el modo y reflexión conceptual desde donde la aproximación sobre lo estético y sus virtuales relaciones se ha establecido. Es decir, tal como he venido afirmando, generalmente, las exposiciones sobre el tema revelan e involucran en el fondo tanto un particular manejo y justificación en relación a historia literaria y sus posibilidades como una específica concepción en lo que a la captación y enfrentamiento de lo artístico importa. La abismal diversidad de las versiones críticas reseñadas en torno a uno de los fenómenos literarios cruciales de la literatura hispanoamericana (modernismo-modernidad) no demuestra únicamente una disparidad de parecer en lo que a proposición de fechas o determinada "vigencia" de un "período" atañe, sino que pone al descubierto una raíz más profunda: el tipo de razonamiento estético, la conceptualización y el conjunto de formulaciones teóricas que precede al análisis de la obra. La discrepancia, un sistema de advertencia: el cómo y desde dónde la reflexión teórica se sitúa y cuáles las modalidades y direcciones que esta reflexión presumiblemente desarrollará.

Posteriormente, Ricardo Gullón retomando la idea de Juan Ramón Jiménez de "que el modernismo no es una escuela ni un movimiento artístico, sino una época",[40] critica —lo que él considera una visión simplista y monolítica— la corriente reducción que del modernismo se hace a unos rasgos determinados, pareciéndole este hecho una: "comodidad pseudodidáctica... uno de los males de nuestra historiografía literaria".[41] En verdad, la proclividad con que el modernismo se comprimía en la exégesis de un movimiento literario que exhibía un conjunto específico de explicables características, no hizo fácil la introducción o ampliación de las ideas de Federico de Onís y Juan Ramón Jiménez. La polémica y la discusión surgidas frente a estos renovadores planteamientos fueron frecuentes y de hecho estimularon un afinamiento del discurso teórico involucrado. Es ésta la necesidad que Gullón siente con la mención hecha a la "historiografía literaria", se da cuenta que el problema de fondo no es sólo de nominación (modernismo como época o modernismo como escuela o movimiento literario) o de extensión cronológica (15, 40, ó 100 años) sino de fundamentación, de actitud crítica.

---

[40] Gullón, p. 7.
[41] Gullón, p. 8.

Su ensayo *Direcciones del modernismo* que está esencialmente destinado a iniciar la investigación de todas las conexiones y ramificaciones que el modernismo ofrece en cuanto a *actitud* y *deslímite* se inicia con una clara y decidida conciencia del tipo de enfoque y posición que con respecto a análisis e historia literaria él no podría estar de acuerdo:

> La crítica literaria transmite como verdades inatacables nociones muy discutibles. *Procede,* por comodidad o incompetencia, *a establecer principios, cuando no dogmas, y partiendo de ellos,* elabora construcciones cuya resistencia se niega a medir...[42]

Para Gullón las direcciones del modernismo se pueden establecer, pero no fijar: "El modernismo da tono a la época; no es un dogmatismo, no una ortodoxia, no un cuerpo de doctrina..."[43] Si se acepta entonces su no-uniformidad, su plural significación, su total amplitud, resulta paradojal establecer con antelación principios que no podrán luego dar cuenta de su movilidad y fluidez. La línea de un acercamiento más flexible está presentada también, en el texto de Gullón, en la manera como relaciona el modernismo a los fenómenos de cambio social iniciados en las últimas décadas del siglo diecinueve:

> La industrialización, el positivismo filosófico, la politización creciente de la vida, el anarquismo ideológico y práctico, el marxismo incipiente, el militarismo, la lucha de clases, la ciencia experimental, el auge del capitalismo y la burguesía, neoidealismos y utopías, todo mezclado; más fundido, provoca en las gentes, y desde luego en los artistas, una reacción compleja y a veces devastadora.[44]

Es decir, la relación del hecho literario y artístico a lo social es también poliédrica. La idea de *crisis,* no supone uno o dos principios específicos sino un conjunto cuyas propias relaciones y las conectadas a lo artístico abren la serie múltiple de direcciones que el modernismo traza y que Gullón comienza, concienzudamente, a explorar.

---

[42] Gullón, p. 7.
[43] Gullón, p. 20.
[44] Gullón, p. 69.

En esta línea y de los actuales esfuerzos revalorativos mantenidos hasta la interpretación crítica más reciente se deben mencionar los de Ivan Schulman quien ha venido profundizando cada una de las derivaciones que supone la tradición originada en de Onís, especialmente, la idea de que el modernismo no puede caracterizarse exclusivamente como un fenómeno estético, lo cual lo ha llevado a examinar los referentes ideológicos de lo que él ha llamado "estilo de época". Los conceptos de transición, cambio, crisis, individualismo, sincretismo y heterogeneidad constituyen en su perspectiva las variables de la serie de factores que habría que considerar en toda indagación que intente describir las raíces ideológicas de la modernidad.

En cuanto al delineamiento estético del modernismo, Schulman pone de relieve su realización *acrática,* es decir, su dinámica anti-normativa, el perfil de una manifestación esencialmente polifacética, heterogénea y contradictoria. La estética modernista no es unívoca sino plural y ese carácter multitonal es el que evolutivamente se irá explicitando en las expresiones literarias y artísticas hispanoamericanas desde las últimas tres décadas del siglo pasado hasta hoy:

> El modernismo en nuestro concepto no es una escuela sino un estilo de época cuyas resonancias afectaron la vida social, la literatura y hasta la política y la religión a partir de la década de los 80, produciéndose en la cultura hispanoamericana, como consecuencia de su aparición, una revolución ideológica y artística, vigente en el siglo XX.[45]

El término estilo connota aquí la acepción dada por Sypher: "El estilo no es un absoluto... Una crítica de las artes debe invocar a Proteo, no a Procusto".[46] Aclaración que viene a dar énfasis de nuevo a la imposibilidad de cercar una forma artística de naturaleza proteica en un concepto de significaciones reductivas o absolutas.

Tres aspectos caracterizan la preocupación de Schulman por el tema. El primero en torno a la génesis y raíces del modernismo tiende a desechar la idea de estudiar los escritos artísticos de Martí, Casal, Silva y Gutiérrez Nájera como los de

---

[45] Schulman, *El modernismo*, p. 7.

[46] Citado por Ivan A. Schulman, "Reflexiones en torno a la definición del modernismo", *Cuadernos Americanos*, 147 (Julio-Agosto 1966), p. 224.

"precursores" del modernismo, para incorporarlos como auténticos fundadores de la modernidad hispanoamericana. Enseguida, cuestionando las definiciones corrientes y simplificadoras —no escasas en nuestra historiografía literaria— sobre el modernismo, concibe a éste, continuando la tradición ya señalada, como un estilo de época, traza su estética como la de "un arte dinámico de contradicciones internas" (lo acrático) y advierte respecto de las pervivencias del modernismo en la "novela contemporánea" y sus posibilidades de estudio. Finalmente centra su preocupación en torno a escritores de la vanguardia (Güiraldes, Huidobro) y actuales (Cortázar, Carpentier)[47] analizando en ellos las formas de la modernidad, la manera como se incorporan a ella y varios de los rasgos de significación de este concepto. Tanto en el artículo acerca de Huidobro ("Orígenes de la modernidad") como en el escrito sobre Ricardo Güiraldes ("Notas en torno a la modernidad") la exposición explora en los elementos de "contrapunto y oposición" que estos artistas desarrollaron frente a la extensión de lo que Matei Calinescu —de las dos modernidades que él distingue— ha llamado, "la idea burguesa de la modernidad".[48] La noción dialéctica de "centro" en Güiraldes y el concepto de "desprendimiento o separación" en Huidobro participan de un elemento común de la modernidad: estructuración y desestructuración, "creación y ruptura", como formas de tensión que instalan al artista en el dilema de la tentativa nostálgica del pasado y la tradición y la pasión de lo nuevo y el futuro y lo depositan en la alternativa individual de un presente reconstruido, de una *vuelta.*[49]

---

[47] "La dialéctica del centro: notas en torno a la modernidad de Ricardo Güiraldes, "*Cuadernos Americanos*, 217 (Marzo-Abril 1978), 196-208. "'Non Serviam': Huidobro y los orígenes de la modernidad", *Revista Iberoamericana*, 45 (1979), 9-17. Los análisis sobre *Rayuela* y *Concierto barroco* fueron esbozados en el curso, "La modernidad en la novela hispanoamericana" durante el invierno de 1979 en la Universidad de Florida. Allí se propusieron los parámetros de estudio y direcciones del "sentido proteico de la modernidad hispanoamericana".

[48] *Faces of Modernity* (Bloomington: Indiana University Press, 1977), p. 41.

[49] Señala Octavio Paz: "El presente se ha vuelto el valor central de la tríada temporal. La relación entre los tres tiempos ha cambiado, pero este cambio no implica la desaparición del pasado o la del futuro. Al contrario, cobran mayor realidad: ambos se vuelven dimensiones del presente, ambos son presencias y están *presentes* en el ahora". *Los hijos,* p. 204. Schulman aclara que la utilización del concepto de *vuelta* corresponde al desarrollado por O. Paz en "El caracol y la sirena", pp. 22-23. Allí el ensayista mexicano expone: "Re-

No es mi intención pormenorizar el conjunto de detalles que estos artículos revisan en torno al concepto, sino señalar, primero, la culminación de una trayectoria y de un pensamiento crítico cuyo diseño se extiende desde una preocupación por los orígenes del modernismo hasta un reconocimiento y exploración en torno a la justificación del estudio de la modernidad hispanoamericana y su irradiación en la novela de la vanguardia y la contemporánea. En segundo lugar, resaltar la necesidad e importancia que la tónica de un término precipita en función de la insuficiencia crítica con que a menudo hay que enfrentar la compleja naturaleza de nuestra literatura:

> Las manifestaciones plurales de estos conceptos [tradición, identidad, tiempo, centro] en los intersticios estructurales de las obras de Güiraldes —prosa y verso— *identifican su escritura con una dialéctica que rebasa las fronteras tradicionales del modernismo, el ultraísmo y el criollismo,* y subrayan la idoneidad de enfocar la definición de sus características *desde la perspectiva de la modernidad, término de aplicación imprescindible* pero rezagada en la crítica sobre las letras hispánicas.[50]

Varios otros estudios han desarrollado su preocupación en torno a este tema y sus contribuciones han venido sistemática y acumulativamente enriqueciendo el conocimiento y la inteligencia de un fenómeno vital del arte americano cuyas vetas de indagación se ofrecen y se desplazan al modo de figuraciones caleidoscópicas. Entre algunos de estos aportes indicaremos, por ejemplo, las aproximaciones de Enrique Anderson Imbert[51] y Juan Loveluck sobre la novela modernista y sus orígenes;[52] las diversas notas críticas sobre el modernismo junto

---

volución significa regreso o vuelta, tanto en el sentido original de la palabra —giro de los astros y otros cuerpos— como en el de nuestra visión de la historia". [p. 27].

[50] Schulman, "La dialéctica del centro", p. 196.

[51] Véase, "Comienzos del modernismo en la novela", *NRFH,* 7 (1953), 515-525. El artículo revela las posibilidades de estudio de la prosa poética de Martí, la fundación de una novela esencialmente estética *(Amistad funesta)* y señala con acierto una deficiencia de la crítica: "Cuando los historiadores de la literatura hispanoamericana estudian el modernismo se desvían de la novela, y cuando estudian la novela se desvían del modernismo. El resultado es que las novelas modernistas han quedado fuera de foco". [p. 515].

[52] Juan M. Loveluck, comp. *Diez estudios sobre Rubén Darío* [por Enrique Anderson Imbert et al] (Santiago de Chile: Zig Zag, 1967), pp. 220-242. También véase, *"De sobremesa,* novela desconocida del Modernismo", *Revista Iberoamericana,* 31, (1965), 17-32.

con los ensayos sobre la vinculación de Martí a este "movimiento" de Manuel Pedro González;[53] las reflexiones sobre el modernismo y la caracterización histórica de él de Max Henríquez Ureña.[54] También y considerando las exposiciones más recientes, el artículo de Klaus Meyer Minnemann, un intento de trazar "rasgos generales" para la novela modernista hispanoamericana y sus posibilidades comparativas con "la literatura europea de fin de siglo";[55] la descripción semiótica de algunos elementos del discurso modernista de Irlemar Chiampi Cortés;[56] el ensayo de Noé Jitrik y la proposición de la representación del sistema modernista que desarticula la idea de "escuela" o "estilo" para desenvolver la de una historia de la escritura";[57] los ensayos de Angel Rama tanto sobre la idea de modernidad como de modernismo[58] y finalmente los ensayos de Saúl Yurkievich que aún cuando están dedicados a las expresiones de la lírica (modernista y vanguardista) abren, en cuanto a análisis, dimensiones únicas y originales en lo que a

---

[53] Véase *Notas en torno al modernismo* (México: Universidad Nacional Autónoma de México, 1958). También, "I. Iniciación de Rubén Darío en el culto a Martí. II. Resonancias de la prosa martiana en la de Darío (1886-1900)" en *Memoria del Congreso de Escritores Martianos* (La Habana, 1953), pp. 503-569, texto que fuera recopilado también en *Indagaciones martianas,* ed. cit., pp. 197-273.

[54] Véase "I. Ojeada de conjunto. IX. Historia de un nombre" en *Breve historia del modernismo,* 2.ª ed. (México: Fondo de Cultura Económica, 1962), pp. 11-34, y 158-172. Aquí analiza la impropiedad de considerar al modernismo una escuela y destaca la gran confluencia de tendencias en él encontradas, incluyendo el romanticismo: "...en *el modernismo encontramos el eco de todas las tendencias literarias que predominaron en Francia a lo largo del siglo XIX:* el parnasismo, el simbolismo, el realismo, el naturalismo, el impresionismo y, para completar el cuadro, también el romanticismo cuyos excesos combatía, pues los modernistas no repudiaron el influjo de los grandes románticos, en cuanto tenía de honda emoción lírica y de sonoridad verbal". [p. 12].

[55] "La novela modernista hispanoamericana y la literatura europea de 'fin de siglo': puntos de contacto y diferencias". Ponencia presentada al XVIII Congreso del Instituto Internacional de Literatura Iberoamericana, University of Florida, marzo de 1977.

[56] "Hacia una semiología de la prosa modernista". Ponencia presentada al XVIII Congreso del Instituto Internacional de Literatura Iberoamericana, University of Florida, marzo de 1977.

[57] *Las contradicciones del modernismo* (México: El Colegio de México, 1978).

[58] Rubén Darío y el modernismo: circunstancia socioeconómica de un *arte americano* (Caracas: Ediciones de la Biblioteca de la Universidad Central de Venezuela, 1970). Véase además "La dialéctica de la Modernidad en José Martí", en *Estudios martianos* (Puerto Rico: Editorial Universitaria, Universidad de Puerto Rico, 1974), pp. 129-197.

posibilidades y desarrollos la crítica como expresión de lenguaje envuelve.[59]

Una idea sobre la importancia que ha venido adquiriendo la dilucidación de los términos modernismo/modernidad como asimismo sus novadoras posibilidades de enfoque la ofrece el texto *Faces of Modernity*, valiosa publicación del ensayo sobre lo moderno, un análisis de las distintas fases que un estudio acerca de la modernidad supone: *modernism* (vanguardia), decadencia y kitsch.[60] Una de sus secciones "Literary and Other Modernisms" está dedicada a la revisión que el concepto ha provisto para la crítica hispanoamericana,[61] destaca las direcciones fundamentales que ésta ha seguido y expone problemáticamente las posibilidades de su enfoque:

> ¿Pero podemos en verdad reducir el modernismo a una moda pasajera, tal como sus adversarios trataron de hacerlo a comienzos de siglo? ¿O, por el contrario, *deberíamos tratar de situar al modernismo en una perspectiva más amplia* y, en lugar de considerarlo un fenómeno hispanoamericano o aún hispánico, *descubrir en él,* aparte de sus numerosas distintivas características, los elementos por los cuales se relaciona a otras culturas occidentales...?[62]

Calinescu no se adentra en todos los detalles que una discusión sobre la idea de modernidad hispanoamericana implica, sin embargo adelanta y prevé el tipo de orientación que a él le parece definitivamente más prometedor y sustancial en relación al tema: "Si consideramos la evolución del concepto del modernismo durante las últimas tres o cuatro décadas, es evidente que la segunda alternativa [la del modernismo visto en una perspectiva más amplia] ha demostrado ser más productiva".[63] Los rasgos primordiales de la modernidad estética para Calinescu son sus características de transitoriedad e impermanencia, es decir, el cambio es la base de su esencia. El modernismo hispanoamericano irradia su estética a través de esta esen-

---

[59] *Celebración del modernismo,* ed. cit., y *La confabulación con la palabra* (Madrid: Taurus, 1978).

[60] Este texto de Matei Calinescu constituye una de las publicaciones más diligentes y fundamentadas en torno a estos temas.

[61] Calinescu, pp. 68-85.

[62] Calinescu, p. 74.

[63] Calinescu, p. 74.

cia y de allí sus posibilidades de estudio en una perspectiva amplia cuya dinámica y tono general están también relacionados, como él mismo lo dice, a los elementos artísticos de lo moderno de "otras culturales de Occidente, igualmente comprometidas en la aventura de la modernidad".[64]

Me parece así significativa, la mención de uno de los pocos textos de la crítica extranjera —orientada a la indagación del concepto de modernidad— que expresa una atención relativa a aspectos del modernismo y la modernidad hispanoamericanas y que, implícitamente, propone un acercamiento que se liga a una de las tradiciones críticas cuya solidez deviene una actualidad que comienza a manifestarse en las recientes indagaciones que sin olvidar su conexión a esta tradición examina proposiciones y alcances sobre la idea de modernidad que exploran margen y totalidad como desviación del sistema, concepto y teoría como proyecciones múltiples y contradictorias, lenguaje y expresión artística como formas abiertas. En el encuentro de matices y cauces insospechados, en términos de disposición y crítica literarias, que la diseminación de estas exploraciones dispersan, se revela algo más importante que la búsqueda de originalidad: una actitud de especial flexibilidad y amplitud frente a los rasgos plurales y multifacéticos del arte de la modernidad.

Al retomar la finalidad de mi propósito inicial, la de confrontar dos modalidades de la investigación literaria en función de las posibilidades de establecer las direcciones fundamentales que sobre el tema del modernismo se conocen y los avances que respecto de la idea de modernidad se han postulado, debe destacarse el hecho de que este examen conlleva objetivos más radicales que los de una pura demostración expositiva y sintetizada de la bibliografía correspondiente. Hay implicada una valoración que críticamente deja al descubierto la proveniencia y apoyos teóricos con los que cada posición formula sus alternativas. La confrontación está propuesta como develamiento no sólo de una disimilitud de "puntos de vista" sino que sobre todo como la comprobación de un particular transfondo conectado a un referente conceptual estético e ideológico. He iniciado una revisión que implica algo más que una estimación sobre diferencias metodológicas: indicadores y rasgos del funcionamiento con que cada concepción opera frente

---

[64] Calinescu, p. 74.

a lo artístico, modelos y razones que crítica e historia literaria exponen como justificación a sus procedimientos. También he propuesto una indagación acerca de los fundamentos y orígenes del concepto de modernidad, la forma en que se vincula a una determinada tradición crítica, un reparo a la idea de que su actual estudio sea un hecho insólito o desvinculado de desarrollos anteriores; lo sorprendente es más bien su ausencia, un concepto cuya dimensión y caudal de posibilidades recién se empieza a valorar. El énfasis, por último, en desandar la distorsión de homologar los términos modernismo y modernidad es parte también de una iniciativa más amplia que la de la linealidad de una reseña expositiva.

Modernismo y modernidad no conllevan en este ensayo rasgos de sinonimia ni tampoco son vocablos absolutamente disímiles. El primero se comprende dentro del segundo, el modernismo representa una fase al tiempo que señala los orígenes de la modernidad y ésta es una presencia que continúa a través de la vanguardia y de la actual literatura, que no traza sus límites ni como "triunfo", ni como "florecimiento", ni como "cronología". ¿Constituyen un problema hoy las fechas delimitativas del Renacimiento? Parece más sensato decir que esto es un aspecto secundario. Es la perspectiva histórica la que evita esta deformación, las fechas proponen sólo aproximaciones, es la dinámica estética e ideológica de estos grandes movimientos artísticos en su acontecer y desarrollo históricos la que determina sus características y comprensión, no sus delimitaciones cronológicas.

La modernidad despliega rostros, una fase es el modernismo, otra la vanguardia y una tercera la neovanguardia. Cada una de ellas provoca direcciones múltiples que convocan al deslímite como su mejor dinámica. Razones de continuidad y discontinuidad entre una y otra etapa son fundamentales a su dialéctica. ¿Cuando comienza y cuándo termina exactamente? Que lo digan las obras y los análisis. Por ahora la modernidad es un concepto, una sensibilidad y una escritura a describir.

CAPITULO II

EL CONCEPTO DE MODERNIDAD

Espacios de la modernidad y la crítica

El desarrollo de la idea de modernidad como el de una sensibilidad y una escritura presentes en nuestra literatura desde el modernismo hispanoamericano hasta las actuales expresiones postmodernas y de neovanguardia supone la actualización y examen de un discurso crítico susceptible de operar en el plano de intertextualidad y diálogo que las obras de la modernidad ofrecen como manifestaciones plurales y multifacéticas, peculiares de su propia esencia: la inauguración de una dimensión y espacios proteicos.

Por el ámbito de un espacio distinto —con escasas excepciones— nuestra crítica ha interrumpido el diálogo comunicativo de la expresión artística moderna. Desconectiva, aherrojada a afanes de periodización, de regularidad y sistematicidad se enfrenta de un modo reductivo, normativo y orgánico frente a la flexibilidad de un material poliédrico, discontinuo y fragmentario.

La mostración de las voces de la disidencia frente a esta actitud y una descripción preliminar y tentativa del concepto de modernidad son iniciativas destinadas a abrir un cauce de discusión crítica tanto en torno a los problemas del ensayo crítico hispanoamericano como a la diversidad de aproximaciones vinculadas al concepto de modernidad, como asimismo a la relación dialéctica que ambas instancias libran en el espacio de una producción artística signada por lo moderno.

La esencia proteica que la modernidad inaugura conlleva

la solicitud de perspectivas y aproximaciones no regulativas. Sin embargo, en términos generales, las direcciones que el pensamiento crítico relativo al estudio y situación de las manifestaciones de este arte ha seguido constituyen el reverso de esta afirmación (me refiero esencialmente a las ordenaciones propuestas por las historias literarias y tendencias y desarrollos de la crítica hispanoamericana; el rico y excepcional pensamiento de de Onís y otros críticos no fue, desafortunadamente, proseguido). Los continuos afanes de coherencia, periodización, y regularidad que con relación al arte de la modernidad hispanoamericana se advierten en historia literaria se transforman en bruscos encasillamientos y corpóreos monolitos donde el "coro y diálogo" de la obra desaparecen. La expresión de este arte en ese contexto es una totalidad de sumas, la visión de un sistema reductivo donde la obra aparece como un monólogo sujeta a un conjunto de características cuya posibilidad de vaso comunicante se ha destrozado. Proponer el diálogo entre una obra del denominado "modernismo" por ejemplo y otra de la literatura "contemporánea" constituiría, para este tipo de crítica, un asalto a los principios de ordenación y lógica del sistema. Una reacción similar se produce cuando se señala la condición paradojal y multiforme de una obra con relación a sí misma o a su contexto social, o cuando se postula que la "vigencia" de una obra no puede ni podrá nunca ceñirse a un período determinado, pre-fijado por fechas. En la granítica lógica de este tipo de acercamiento el apartamiento ha tomado la palabra, con lentes exhaustivos aviva el desvanecimiento de toda conexión, le desazona la comunión del encuentro de dos espacios disímiles.

Cuando la relación crítica-creación es confrontada por el propio artista, inmediatamente se pone de manifiesto el estado de cosas descrito. Es el momento en que el creador refuta a la crítica y ésta levanta su barrera defensiva:

> [Creador] Eso mismo produce en el crítico *el deseo de reducir la obra de arte a algo inteligible*. Es lo que he encontrado en la crítica en general. Usando dos o tres palabras 'racionales' cuyos límites conocen tratan de meter esa obra —que es aceptadamente multiforme, gaseosa, fantasmagórica— en modelos fijos que la congelan. Así creen agarrarla.
>
> [Crítico] *Es inevitable.* Desde el momento en que el crítico usa el lenguaje y la conceptualización se instauran

moldes, patrones. *El discurso crítico no puede ser multiforme y equívoco. Debe ser unívoco, claro, ordenado.*
Y también (qué vamos a hacerle) reductible. La palabra
del crítico no es la palabra del poeta. Lo que Ud. exige
es que el crítico se convierta en poeta él mismo: Ud. mismo dijo que una obra de arte reclama otra obra de arte.[1]

El diálogo transcrito concurre en un virtual monólogo. Los
párrafos citados son paradigmáticos de la manera como la comunicación entre creador y crítico se interrumpe. Allí donde
el artista solicita no-reductibilidad sino multiformidad debido
a la esencia proteica de la obra, el crítico erige la muralla de
lo supuestamente inevitable: el discurso crítico es y debe ser
unívoco, uniforme.

Voces de la disidencia surgen, afortunadamente, desde el
mismo terreno de la crítica, ellas tratan de conectar el circuito,
el diálogo interrumpido y de generar una actitud diversa frente al hecho literario.

Susan Sontag en *Against Interpretation* ha señalado que
el peso de la herencia griega —aristotélica y platónica— aún
persiste en la conciencia artística occidental en lo que respecta
a la idea central de un arte mimético o representacional.[2] De
allí su nadar en contra de la interpretación, pero no de toda
interpretación, sino de aquélla que se dirige sólo al contenido
de la obra de arte y que se intenta como una forma de traducción, código y reglas de exégesis: "Interpretación, basada en
la altamente dudosa teoría de que una obra de arte está compuesta de partículas de contenido, viola el arte. Convierte el
arte en un artículo de uso, de disposición en un esquema men-
tal de categorías".[3] Búsqueda de una crítica que no atienda al
significado sino a la mostración del "como es lo que es", una
crítica no traductiva, no categorizadora, no conceptual, no reductiva, no cultural, sino transparente, recuperativa de los sentidos, tendiente hacia la forma antes que al contenido. Una frase
delinea su pensamiento: "En lugar de una hermenéutica necesitamos una erótica del arte".[4]

La posibilidad de fundar una *paracrítica* es otra forma de
la disidencia. Ihab Hassan ha planteado sorprendentes alter-

[1] Z. Nelly Martínez, "Entrevista a José Donoso", *Hispamérica,* 21 (di-
ciembre 1978), p. 63.
[2] *Against Interpretation* (New York: The Noonday Press, 1966).
[3] Sontag, p. 10.
[4] Sontag, p. 14.

nativas en términos de una nueva percepción crítica: "Si es que necesitamos una crítica literaria, ésta debería ser una teoría de discontinuidad lúdica y humorística".[5] La crítica —hasta hoy, con raras excepciones— no ha modificado su dirección inicial: una crítica de lo orgánico sobre un material discontinuo. Una actitud fundada en principios estructurales, métodicos, sistemáticos diseñada para una expresión artística que paradojalmente no es orgánica, ni métodica, ni estructural sino precisamente discontinua, disímil y multiforme. Hassan rechaza esta incongruencia y convoca la paracrítica, "un intento de recobrar el arte de lo multívoco".[6] Si la expresión artística moderna es multívoca y plural, "la crítica debería familiarizarse con la idea de discontinuidad lúdica y humorística y devenir en sí misma menos que la suma de sus partes. Le debería ofrecer al lector espacios vacíos, silencios, en los cuales él pueda re-encontrarse en presencia de la literatura".[7] El problema, agrega, consiste en la dificultad de los críticos para captar y desarrollar el sentido de discontinuidad, puesto, "que ellos han sido formados en la doctrina de las formas orgánicas".[8]

La paracrítica conduce a la crítica a un espectro amplísimo donde la tentativa, la metáfora, el juego, la interlocución, el intertexto, el deslímite, el silencio rehusan la imposición de una forma sobre otra (porque equivaldría a una de las fronteras de la crítica) abriendo la obra a la multivocidad de sus significaciones. Orfeo se desplaza desmembrado en una importante sección de la historia literaria anunciando el silencio. De Sade y Beckett dialogan. Tres palabras invocatorias regala Hassan: "Quebrar los espejos".

Finalmente Octavio Paz resalta la necesaria fundición de ambos actos: "La creación es crítica y la crítica creación. Así a nuestra literatura le falta rigor crítico y a nuestra crítica imaginación".[9] Rigor crítico e imaginación, dimensiones combinatorias, entrelazadas de creación y crítica. Paz valida la función creadora del discurso crítico, solicita de éste su actual carencia: imaginación, es decir, libertad, atrevimiento, mostrar en comunicación a las obras, poner al descubierto su "diálogo contradictorio". En varios ensa-

---

[5] *Paracriticism* (Chicago: University of Illinois Press, 1975), p. 24.
[6] Hassan, *Paracriticism*, p. 25.
[7] Hassan, *Paracriticism*, p. 25.
[8] Hassan, *Paracriticism*, p. 24.
[9] *Corriente alterna*, 6.ª ed. (México: Siglo XXI, 1972), p. 44.

yos Paz ha conectado el término crítica al de modernidad. En *El signo y el garabato,* destacando la importancia
de Baudelaire para el arte moderno dice: "Al introducir las nociones de modernidad y salvajismo en el arte, Baudelaire in-
serta la crítica en la creación, inventa el arte crítico. Antes la
crítica precedía o sucedía a la creación, ahora la acompaña y
es, diría su condición".[10] En *Corriente alterna,* mucho más específicamente aún señala: "*La modernidad es el reino de la crítica:* no un sistema sino la negación y confrontación de todos
los sistemas."[11] Cita que revela, en verdad, la comunicación de
dos espacios: crítica y modernidad como conceptos de indisoluble vinculación. La discusión sobre el término modernidad
no puede hacerse desprendida del concepto de crítica,[12] su aproximación conlleva implícitamente una elaboración crítica de los
rasgos de aquélla; la modernidad es la actuación de un hecho
polifacético, irregular, contradictorio, proteico con relación a
toda producción artística. Al comprometerse a este argumento se debe volver a la pregunta fundamental que deja Hassan:
¿cómo una crítica orgánica puede enfrentarse a un material discontinuo, no orgánico? La interrogación se multiplica: ¿por qué
puertas al campo? ¿Qué sentido tiene la petición o intención
de dar regularidad a lo que no lo es? ¿No será mejor imponer-
se de la alternativa ofrecida por la misma modulación discontinua de lo "lúdico y lo humorístico?"

Esta es la razón de establecer en este ensayo alcances, derivaciones y enlaces sobre historia literaria, creación, crítica y
modernidad. Auspicio un modo de interpretación literaria que
proyecta formas no impositivas, no orgánicas, que se manifiesta
equívoco y combinatorio, preferencia por la asimilación de eros
racional a eros poético; en una palabra, *disimilitud,* cada obra
solicita lo suyo como subjetividad estética y cada vez en forma
diferente y variable de acuerdo a la peculiaridad polisémica que
el signo opera como inauguración, también transformacional
en relación a contexto, situación histórica y lectores.

La crítica en lugar de respuesta puede ser interrogación
y en lugar de búsqueda de unidad, una dispersión; en lugar
de reducción a un significado o conjunto de significados, la

---

[10] *El signo y el garabato,* 2.ª ed. (México: Mortiz, 1975), p. 38.

[11] Paz, *Corriente,* p. 40.

[12] Crítica entendida como crítica literaria y como actitud y expresión del
pensamiento.

apertura a un proceso interminable.[13] Por supuesto, si a la literatura se la considera un objeto natural, tendrá sentido, para quien lo haga, la perspectiva orgánica de acoso a la obra como un objeto disponible para la ciencia. Esta posibilidad, sin embargo, tal como lo adelantara en la introducción, no conduce a una adecuada comprensión de lo literario. Paul de Man advierte enfáticamente que el hecho de la clasificación, es decir, el tratamiento positivista de la historia literaria, no acarrea necesariamente un hecho de comprensión, "una historia positivista de la literatura... es sólo una historia de lo que la literatura no es. En el mejor de los casos una clasificación preliminar... en el peor de los casos un obstáculo para la comprensión literaria".[14] Es decir, el fracaso del método normativo en lo que concierne al aspecto de comprensión estética de la obra. Insisto en la expresión de Paz, "no un sistema, sino la negación y confrontación de todos los sistemas". No creo que la obra literaria sea un objeto natural predispuesto a la disección, es un prisma de proyecciones contradictorias y paradojales. De Man llega a dudar de la validez de una historia de lo literario o de cualquier acercamiento orgánico-regulativo, respecto de "una entidad que es contradictoria en sí misma".[15]

Una creación estética es un enigma y una profecía, una absorción y una negación del pasado, una instalación del presente y una antelación del futuro, es la descripción que De Man hace de la literatura desde el concepto de modernidad: "la permanente fluctuación de una entidad que se aleja y se acerca a su propio modo de ser".[16]

Alejado de una concepción monolítica sobre los términos modernidad/crítica y las relaciones de éstos con creación e historia literaria, adhiero a la provocación a la que nos confronta la idea de modernidad: su proteísmo. No pretendo codificar ni definir su rostro plural, sino describirlo en la complejidad de las interrelaciones que proyecta: disrupción, fragmentación,

---

[13] Dice Paul de Man: "Si no damos por hecho que un texto literario puede ser reducido a un significado finito o a un conjunto de significados, *sino que vemos el acto de la lectura como un proceso interminable* en el que verdad y falsedad están entrelazados de modo inextricable, entonces los esquemas predominantes usados en historia literaria, (generalmente derivados de modelos genéticos) ya no serán aplicables". *Blindness and Insight,* p. IX.

[14] De Man, pp. 162-163.

[15] De Man, p. 162.

[16] De Man, p. 163.

expansión, dispersión, continuidad y discontinuidad, estasis, crisis, silencio y apocalipsis, metamorfosis, sensibilidad, polifacetismo, crítica del lenguaje, creación de nuevos lenguajes, lenguajes no-verbales, creación como crítica de su propia creación, "literatura como una interrogación del mundo y de sí misma", literatura modernista, vanguardista y experimental, neovanguardista, literatura y tecnología, literatura existencial, agonista, decadencia y kitsch, visión utópica y visión trágica, desmembración, Orfeo entre Dionisos y Apolo, Dionisos en la ciudad, cubismo, progreso: ilusión y desilusión, sociedad postmoderna, literatura postmoderna, entropía, paradoja e ironía. Sobre todo liberación, liberación a las puertas de un laberinto: el enigma de la modernidad.

Figuraciones de la modernidad

El hecho de indagar sobre el concepto de modernidad conlleva un impedimento que se ofrece como su más bella disposición de tentación. Su modo indefinible, su desplazamiento histórico de no-acoso, de libre flujo y de permanente variabilidad son rasgos, fuerzas y llamados de atracción. Su indefinición acarrea signos centrales a ella: la pluralidad. Este factor le es vital a la modernidad. Al esenciar como forma no delimitable, como totalidad indefinible, rechaza el apremio de una teoría estética haciéndose cargo de ella como sistema y la compulsión de una ideología contrayéndola a modelo, opera una apertura no impositiva que convoca elementos de continua libertad al tiempo que el flujo de formas de libre discontinuidad también reclama su expresión desde este arte de lo multívoco.

El pronunciamiento de Baudelaire sobre la modernidad: *"Es lo transitorio, lo fugitivo, lo contingente, la mitad del arte, cuya otra mitad es lo eterno y lo inmutable"*,[17] resalta su dinámico y variable carácter, su modo azaroso, no coherente y transitorio de sostener la dialéctica de lo artístico frente a esa otra característica del arte, lo permanente y lo inmutable como fuentes de equilibrio y armonía, como un juego, una directriz y una confluencia (transición versus permanencia) que aparentemente

---

[17] Charles Baudelaire, "Le peintre de la vie moderne", en *Oeuvres Complètes* (París: Gallimard, 1961), p. 1163.

evitaría la disolución, el desbocamiento a la destrucción. En un estudio sobre la modernidad de Apollinaire, Saúl Yurkievich refiriéndose a Baudelaire señala: "No sólo crea el vocablo modernidad, también precisa su sentido".[18] Esta aserción sobre *el sentido* del término alude a las formas posibles de significación que el poeta francés visualizó con relación al fenómeno y al vocablo con que él lo describía, no es un asalto concluyente, ni una definición. Desde sus orígenes, el término se ofrece como indefinición, la precisión de su sentido no es sino la mostración y comprobación de su mutabilidad (lo transitorio), de la apertura a una significatividad caleidoscópica (lo fugitivo) y del alcance a las puertas laberínticas de la elección y el azar (lo contingente).

La idea de Calvin Tomkins respecto de la relación arte y precepto estético, "el arte siempre tiene una manera de minar toda teoría estética",[19] es exactamente la medida de lo que ocurre en la relación modernidad y teoría, aquélla es un desacato al ordenamiento, a la autoridad del sistema, su persistente fluctuación descontrola la rigidez de la cohesión y la inflexibilidad de lo normativo. Su mejor paráfrasis: "la modernidad siempre tiene una manera de minar toda teoría estética o sociológica". La revisión sobre el concepto de modernidad involucra la paradoja de pretender conceptualizar una forma que por naturaleza rechaza esta imposición. Una revisión de la bibliografía sobre el problema de la modernidad demuestra que gran parte de los estudios al respecto evitan la violencia de tal distorsión. Estos ensayos asumen un carácter indagativo antes que hermenéutico, se proponen como proyecciones o exploraciones que escrutan alcances ligados a temas particulares, derivativos, instancias de transformación, fases, implicancias, modos, factores de cambio, y no como la organización de un sistema que pudiera dar cuenta de la coherencia de un concepto.

Aun las aproximaciones más sintéticas y generales se sitúan dentro de esta tónica; por ejemplo, las de Jean Baudrillard quien admite la existencia de la modernidad como un modo entero de la nueva civilización opuesto al de la tradición, antes que como concepto:

---

[18] *Modernidad de Apollinaire* (Buenos Aires: Losada, 1968), p. 9.

[19] *The Bride and the Bachelors: Five Masters of the Avant Garde* (New York: The Viking Press, 1968), p. 1.

La modernidad no es ni un concepto sociológico, ni un concepto político, ni propiamente un concepto histórico. Es un modo de civilización característico, que se opone al modo de la tradición, es decir, a todas las otras culturas anteriores o tradicionales.[20]

Para Baudrillard la modernidad viene a ser la expresión de un síntoma que acusa el desarrollo de una particular crisis histórica, pero jamás la manifestación de un concepto aprehensible y determinable como categoría, *no es un concepto de análisis, no hay leyes de la modernidad,* hay sólo rasgos, delineamientos de la modernidad".[21] Manifestación, derivación o síntoma, la modernidad no es una estructura en sí misma, es inexistente como una categoría histórica y como un sistema revelador de una estructura y de leyes, su acontecer no representa el omnívoro desplazamiento de la linealidad del progreso, por el contrario es discontinuo y fragmentario; sin embargo su no sujeción a la regularidad de una estructura o sistema no la convierte en una expresión ahistórica por cuanto parte importante de su génesis está vinculada a una serie de transformaciones socio-económicas ocurridas en el siglo diecinueve, y su transcurso posterior relacionado a las sucesivas modificaciones tecnológicas y mutaciones culturales de nuestro siglo.

Lefebvre por su parte postula la necesidad de la formulación de una teoría de la modernidad y por lo tanto de la mostración del concepto cuyo carácter y sentido difieren de la noción de modernismo. Esta empresa, sin embargo, no está propuesta ni realizada en los marcos de un análisis o descripción definitivas del concepto, "esta introducción a la Modernidad... no se ha propuesto concluir la teoría ni agotar el concepto,"[22] su aproximación es una instancia más de su propia modalidad; lo asistemático, lo fragmentario y lo discontinuo acuden como formas y variaciones de la ejecución de cada preludio:

... los temas abordados, elementos de una teoría general, no serán considerados sino *fragmentariamente* y

---

[20] Jean Baudrillard, "Modernité", *Encyclopaedia Universalis,* vol. II (París: Encyclopaedia Universalis, 1974), p. 139.

[21] Baudrillard, "Modernité", p. 139.

[22] Henri Lefebvre, *Introduction à la Modernité: préludes* (París: Editions de Minuit, 1962), pp. 10-11.

conscientemente: ellos *no constituirán una totalidad con-clusa,* una enmarcación de conjunto o un sistema.[23]

Preparación del tema o ensayo del instrumento, cada uno de los doce preludios del texto de Lefebvre expresan las posibilidades de una serie de composiciones que en lugar de agotar las direcciones de un concepto, rescatan su polivalencia y la exponen a todas las relaciones que su compleja, diversa y prolífera red de significaciones ofrece: "tratando de una manera voluntariamente discontinua estos temas, el autor quiere dejar al lector —si esto le agrada— el cuidado de descubrir relaciones, remisiones y continuidades, modulaciones y disociaciones".[24]

Así, una exposición sobre el concepto de modernidad es una figuración, la tentación de resolver el enigma y de entrar al laberinto, el fortuito encuentro de la sorpresa y la libre incertidumbre de modelar procesos de continua transformación, un delineamiento propuesto como búsqueda paralela a las búsquedas mismas de la modernidad, a su conflictiva dispersión, a la pérdida de centro y a la descompositiva pluralización de sus formas.

Modernidades

Calinescu reconoce dos: la modernidad estética y la burguesa. Modernidad artística y modernización social; separa la libre expresión de la sensibilidad de las manifestaciones y aspiraciones de lo moderno que una clase social mantiene a través de su confianza en el progreso y en valores pre-establecidos que aseguran su sobrevivencia:

> La doctrina del progreso, la confianza en las posibilidades utilitarias de la ciencia y la tecnología, la preocupación por el tiempo (un tiempo medible, un tiempo que puede ser comprado y vendido...), el culto de la razón y el ideal de libertad definido dentro del esquema de un humanismo abstracto, pero también la orientación hacia el pragmatismo y el culto por la acción y el éxito.[25]

---

[23] Lefebvre, p. 11.
[24] Lefebvre, p. 12.
[25] Calinescu, *Faces of Modernity,* p. 41.

Como contraste, la modernidad artística, "se opuso, demostrando su aversión a la escala de valores de la clase media y expresó este desacuerdo y aversión a través de los más diversos medios, desde la rebelión, la anarquía y lo apocalíptico, hasta la imposición de un aristocrático y voluntario exilio".[26] Esta doble modalidad revelará una fisura relativa a la actitud y concepción de cada una de las expresiones culturales y formas de relación y establecimiento sociales que ambas modernidades asumen.

El tiempo, por ejemplo, es una de las categorías que adquiere vital importancia con las transformaciones económicas y sociales del siglo pasado. Las actitudes de divergencia que con relación a esta instancia ambas modernidades expresan constituye una demostración de la necesidad del distingo indicado por Matei Calinescu. Para la modernidad burguesa el *tiempo* es una condición esencial en la determinación del precio mercantil, el tiempo deviene una medida de relación fundamental en la estimación de todo valor de cambio, el tiempo es medida y valor de cambio en sí mismo, su moral del ahorro pregonado por la ideología burguesa es el ideal de una búsqueda interminable de nuevas tecnologías destinadas a comprimir distancia, comunicación, realización de procesos fabriles: tiempo. Esta ideología lo concibe como un concepto ligado a la producción, cuyo desiderátum es su manipulación como objeto, como forma asible, como elemento sujeto a control y detención.

En la creación de la modernidad artística en cambio, la concepción del artista no puede estar más alejada de la idea del tiempo como lucro. Su consideración al respecto es metafísica y existencial, el tiempo es forma inasible, sensación antes que categoría, forma de muerte antes que producción, ejecución del apocalipsis antes que manufactura, valor subjetivo antes que valor de cambio, medida de la resurrección o destrucción humanas antes que de la mercancía, forma espiritual antes que material. La subjetiva e individual disposición con la que el artista experiencia el tiempo: como existencia o inexistencia, afirmación o corrosión y desgaste, regreso al mito o vivencia del futuro, forma de temporalidad o intemporalidad, permanencia o impermanencia, actitudes de desarraigo, soledad y vacío frente a lo temporal o de júbilo frente a la intemporalidad

---

[26] Calinescu, p. 42.

y la aniquilación, representa además de su contenido existencial la radical forma de oposición frente a una modernidad para la cual esta categoría no conlleva sino elementos que deben interpretarse en su positiva y útil forma social de valor de cambio y de producto.

Las reacciones frente a los avances de la tecnología y la ciencia también son diametralmente opuestas en la perspectiva de ambas modernidades. El ascendiente de la actitud burguesa es claramente positivista, los resultados de los logros de la tecnología y la ciencia se valorizan en función de *progreso*, bajo cuyo nombre se justifica el uso indiscriminado y la aplicación y extensión irracionales de modelos de desarrollo inoperantes y destructivos de básicas relaciones humanas en sectores sociales de reciente o escasa formación. Es el proceso de la deshumanización. Los artistas de la modernidad no rechazaron los nuevos adelantos de la tecnología y la ciencia en bloque; supieron también cantar a la máquina y a la electricidad y a la visión futura de la ciudad moderna,[27] pero al mismo tiempo previeron con anticipación los efectos y consecuencias que provocaría al ser regulada por una clase social que veía en ellas únicamente el predominio y seguridad de su poder y por una forma ideológica que expresaba una concepción sobre el progreso social opresiva de la condición humana. Detectaron con temprana lucidez y profecía las contradicciones que surgirían en la relación del saber científico-tecnológico y su aplicación y las formas socioculturales y su vinculación a la expresión de la propia conciencia humana, por ejemplo, la disparidad en cuanto a sus desplazamientos, el fenómeno tanto social como individual de la alienación como resultado de esta disonancia, la problematización de la existencia y sus expresiones: el sentimiento de incomunicación y aislamiento. El encierro o el exilio, el nihilismo y la concepción anárquica como reductos finales de una protesta marginal.

---

[27] "En concordancia con el nombre adoptado por el movimiento, los modernistas son los primeros adeptos a la modernolatría futurista. Darío y Lugones hacen el ditirambo del arquetipo de la omnipotencia mecánica: la locomotora. Loan el vértigo de la velocidad, extasiados ante los nuevos medios de locomoción: el automóvil, el paquebote, el tren expreso. Porosos, se dejan penetrar por el culto al cambio que la aceleración de la era tecnológica provoca, se impregnan de ese historicismo que la religión del progreso propugna". Yurkievich, *Celebración del modernismo*, p. 14.

La libertad es también otro concepto frente al cual se generan —desde cada modernidad— actitudes diversas. Ambas, la consideran una instancia esencial de sus modalidades, pero mientras para una de ellas se resuelve como marco y parámetro asociado a su modelo económico y al bienestar de clase social, para los "hijos del limo" es el exceso, el llamado del peligro y la locura, una forma de apertura que relega el prejuicio, la predeterminación y el orden para anunciar que la libertad es la imaginación misma, el reducto y la expansión de toda virtualidad.

El conflictivo antagonismo de las dos modernidades[28] no se detiene en el esbozo de los tres conceptos que hemos confrontado, se producirá respecto de cada una de las instancias que dinamizan los procesos socioculturales, tanto frente a categorías del pensamiento como a una serie de valores y contenidos de una sociedad cuya esencial característica era la veloz transformación de todas sus estructuras. Calinescu señala la imposibilidad de precisar sobre los orígenes mismos de tal conflictividad, pero estima que está relacionada al incipiente desarrollo de la sociedad industrial del siglo diecinueve, en conexión con sus dos formas; por ejemplo, las señaladas por Angel Rama: "...el subjetivismo económico, la división del trabajo, los principios de racionalidad de la producción, su concepción del objeto económico y de las leyes de circulación del mercado".[29] Todo un sistema de valores que ejercerá una presión sostenida en las formas y manifestaciones culturales y artísticas al punto de transformar y darle una tónica determinada a muchas de ellas, pero también al extremo de operar una reacción frente a esta forma burguesa de la modernidad. Por ejemplo, una de las características de los modernistas, su cosmopolitis-

---

[28] Que este conflicto haya devenido en un intento de virtual incorporación que la modernidad burguesa hiciera de la modernidad artística, especialmente en las últimas décadas de nuestro siglo, es un fenómeno que hay que describir en relación al surgimiento de la era postmoderna y analizar en relación a expresiones como "decadencia" y "kitsch". Calinescu anota esta inquietud: "...¿no ha tratado acaso —la detestada modernidad burguesa, por lo menos durante la última mitad de este siglo— de asimilar y promover la modernidad artística al punto de que hoy la herencia del modernismo y aun de las más extremas manifestaciones de la vanguardia han obtenido un reconocimiento 'oficial'?" (p. 90).

[29] Angel Rama, *Rubén Darío y el modernismo: circunstancia socioeconómica de un arte americano* (Caracas: Universidad Central de Venezuela, 1970).

mo, ha sido planteada como una tensión de afirmación y negación hacia la economía liberal: "El cosmopolitismo idealista de los modernistas está en *correlación y oposición* con el cosmopolitismo mercantil del capitalismo liberal, floreciente y eufórico por el reciente ingreso de los mercados latinoamericanos al gran circuito del comercio internacional".[30] Por tanto, el reconocimiento de las dos modernidades es el modo de rechazar la idea de que la modernidad artística es el resultado derivativo y alienante, el mero efecto de los desarrollos e imposiciones de la burguesía industrial. Es especialmente la fuerza de una reacción, de ahí su vigor y extensión. Considerando las afirmaciones de Paz sobre la relación de lo histórico y lo artístico, la factualidad de las dos modernidades es la forma distintiva de destacar la dialéctica naturaleza del hecho estético y el acontecer histórico, ni únicamente producto, ni mero reflejo:

> Desde su origen la poesía moderna ha sido una reacción frente, hacia y contra la modernidad: la Ilustración, la razón crítica, el liberalismo, el positivismo y el marxismo. De ahí la ambigüedad de sus relaciones —casi siempre iniciadas por una adhesión entusiasta seguida por un brusco rompimiento— con los movimientos revolucionarios de la modernidad, desde la Revolución francesa a la rusa.[31]

Para Paz esta reacción equivale al rechazo de la ideología y de sus imposiciones como sistema, como también puede ser su "producto contradictorio". La relación es siempre doble y

---

[30] Yurkievich, *Celebración*, p. 13.

[31] Octavio Paz, *Los hijos del limo*, p. 10. Respecto de la relación arte-historia, Paz dice: "Es imposible negar que la poesía es un producto histórico; también es una simpleza pensar que es un mero reflejo de la historia. Las relaciones entre ambas son más sutiles y complejas". *Los hijos*, p. 118. La compleja naturaleza del cambio en las formas artísticas ha sido desarrollada por Leonard Meyer en su ensayo, *Music, the Arts, and Ideas: Patterns and Predictions in Twentieth-Century Culture* (Chicago: The University of Chicago Press, 1967). Meyer analiza el problema de estasis (stasis) en nuestra cultura en relación a las fluctuaciones del cambio y las variedades del cambio de estilo. Con relación a ello, expone: "Tal como lo esbozara, el diseño, alcance y desplazamiento del cambio intra estilístico es, entonces, el resultado de una compleja interacción entre las premisas de un estilo dado, las idiosincracias de específicos compositores, la necesidad humana por la variedad, los recursos tecnológicos del arte, su relación a instituciones culturales y grupos sociales, y las ideologías culturales, tanto la del artista como la de su público. (p. 128).

no unilateral; los movimientos artísticos modernos no son sólo resultados o detritus de la decadencia de ideologías o sistemas filosóficos o culturales, sino su expresión contradictoria, su vital forma de oposición. La modernidad artística hispanoamericana —en esta perspectiva— se iniciaría con el surgimiento del movimiento literario del modernismo como una reacción al liberalismo en cuanto expresión política y modelo económico y al positivismo como sistema filosófico. La modernidad artística europea se iniciaría con el romanticismo, reacción a la Ilustración y al, "racionalismo del siglo XVII",[32] de aquí la idea de que el romanticismo español fue prácticamente inexistente (con la excepción de dos "románticos tardíos, Gustavo Adolfo Bécquer y Rosalía Castro") debido a la ausencia de una modernidad: "ni razón crítica, ni revolución burguesa. Ni Kant ni Robespierre".[33]

La descripción y relación de las dos modernidades confluye en un rasgo esencial de su producción artística: su relación no unilateral a lo social. Las formas de la modernidad artística conforman un doble proceso en relación a las manifestaciones de la modernidad burguesa (que actúa como fuerza de atracción y dispersión), un inestable desplazamiento de asimilación y reacción cuya convergencia final otorga al arte tanto los elementos de ruptura como los de conjunción, la mantención de ciertos relieves y módulos de una parte y la búsqueda de lo nuevo y original de otra; en fin, su dimensión y modalidad peculiares concebidas como dinámicas de composición y desestructuración, de continuidad y discontinuidad. Permanentes metamorfosis, sostenidos procesos de confirmación y desconfirmación anulan y deshacen la posibilidad de una caracterización orgánica de la modernidad artística y de su figuración única y coherente, destruyen la visión de este arte como sistema y relativizan la idea de una esencia inmutable de la creación.

Contorsión de sí misma, la modernidad artística ligada a una relación a lo social que no es ni simple "producto" ni mero reflejo, emerge disonante, irregular; desfasa su contradictoria

---

[32] Paz, *Los hijos*, p. 93. Para Paz, "La modernidad es un concepto exclusivamente occidental y que no aparece en ninguna otra civilización". *Los hijos*, p. 44.

[33] Paz, *Los hijos*, p. 119. De ahí también la pobreza y tardanza del romanticismo hispanoamericano.

estética a irreductibles manifestaciones de fragmentarios relieves cuya esencia disgregada, inmutable, deviene la búsqueda inescrutable de su propio centro. Permanente conmoción, despoja convenciones y normas, asimila toda novedad, revira la regularidad de lo ordinario; en busca de las fuentes de lo inefable trae el silencio a la palabra y lo extraordinario al arte, nuevas realidades, una realidad siempre otra o una realidad surreal, maravillosa, también una irrealidad. Deslimitada la zona de vigilia, el sueño se mezcla a ella, accesible a todo la razón, lo irracional no se descarta como posibilidad de conocimiento, sin embargo el conocimiento no es saber, no tiene importancia pragmática, es inmersión pura, visión.

Dionisos llegando a la ciudad, pluralidad y decreación, cambio, transformación y discontinuidad, desintegración, fragmentación y deconstrucción como rasgos descriptivos de la modernidad artística.

Retractación: inmediata fisura. ¿Cómo... una descripción de lo que desdeña el acto de su sistematización?

Figuraciones: ¿no es acaso nuestra expresión rastro de otras lenguas y éstas misterios de lo inefable? ¿Hasta dónde remontarse? ¿Hasta dónde predecir? Ni mito ni profecía, nuestro enigma es ambos y el arte moderno su liberación. Del arte clásico, conjunciones: profecía, mito y enigma; el vidente condenado y la sabiduría del ciego: *Edipo, rey.*[34] Del arte moderno, disyunciones: el mito recuperado y disuelto en un lenguaje profético de lo moderno, la desmembración; la visión del ciego y del vidente interrumpidas, fluidez y dispersión de la expresión, fundación de otros mitos y enigmas, la contrapartida de la profecía: la impotencia expresiva o su proliferación al aniquilamiento: *Ulises.*

Dionisos y la Ciudad: la modernidad como actuación

Dionisos y Cupido son ambos agentes del cambio. Primero, *Las bacantes,* destrucción de la ciudad, luego *La metamorfosis,* traviesas variaciones de la naturaleza.[35]

---

[34] Lefebvre se pregunta: "¿Develará el mito de *Edipo,* la profundidad del ser, del pensamiento y de la Historia? ¿El vidente que quedó ciego por haber querido resolver el enigma, el ciego que devino vidente en el camino del errante, *simbolizan al filósofo y aun más al hombre y al mundo modernos?*" (pp. 11-12).

[35] Hassan, *Paracriticism,* p. 39.

56

Si algún Dios personifica al modernismo, éste es Dionisos[36]

(Dionisos): Le agrade o no, *esta ciudad tiene que aprender* lo que significa iniciarse en la verdadera conversión de los ritos de Baco.[37]

Hay magia en el movimiento. Danza, porque "quien desea, pero no actúa, procrea pestilencia".[38] Dionisos personifica y simboliza la idea de la modernidad como actuación. El cambio, virtual sinonimia de lo moderno concentra toda su connotación en una imagen de movimiento: Dionisos entrando a la ciudad.

Del valle de Tempé en Tesalia a la Ciudad, la celebración del arte es la búsqueda del término de una contienda: la de Apolo y Dionisos como sostenido principio de equilibrio de las formas estéticas en la historia del arte.[39] La Ciudad, complemento necesario de Dionisos como imagen de lo moderno, ofrenda al artista el vórtice del exceso, la alucinación del encuentro de todo en la "tierra baldía", la conducción más allá del límite y la sorpresa de la frustración y la locura. Dionisos a su vez, "símbolo del desencadenamiento ilimitado de los deseos, de la liberación de cualquier inhibición o represión",[40] sorprende en la Ciudad su mejor reducto, el de la no contención. Avido de toda sensación, receptivo del disfrute, oblitera su percep-

---

[36] Monroe K. Spears, *Dionysus and the City* (New York: Oxford University Press, 1970), p. 35.

[37] Eurípides, "The Bacchae", en *Three Plays of Euripides,* traducido por Paul Roche (New York: W. W. Norton, 1974), p. 80. La versión en francés consultada, traduce así: "Il faut que malgré elle cette ville comprenne combien lui manquent mes danses et mes mystères". Euripide, *Les Bacchantes,* 2.ª ed. tomo VI, traducido por Henri Grégoire (París: Société d'Edition "Les Belles Lettres", 1968), p. 244.

[38] William Blake, "The Marriage of Heaven and Hell", en *Poetry and Prose of William Blake,* Geoffrey Keynes, ed. (London: The Nonesuch Press, and New York: Random House, 1927), p. 193.

[39] Para Nietzsche, señala Spears, la dualidad Apolo-Dionisos debe retenerse como forma de un equilibrio permanente, la racionalidad de lo apolíneo evita lo abisal: "Sin Apolo, los griegos habrían sido reducidos por Dionisos a la condición de bárbaros, entregados a la lujuria y la crueldad". (p. 71).

[40] Juan Eduardo Cirlot, *Diccionario de símbolos tradicionales* (Barcelona: Luis Miracle, 1958), p. 172. Además, trayendo a cuenta el pensamiento de Nietzsche, M. Spears señala: "La esencia de Dionisos, dice Nietzche, es la destrucción del *principio individualista* defendido por Apolo: en el éxtasis dionisíaco las murallas son derribadas y los vínculos entre hombre y hombre y entre hombre y naturaleza son re-fundidos". (p. 36).

ción al principio de la realidad y difuso, en agolpada ansiedad, desprendido de toda sujeción, descontrola el acto de la imaginación a la solicitud de todo placer. Radar el arte, responde sensitivo la provocación. Impregnado, participa deshaciendo antiguas formas. Obnubilado a la extravagancia de Dionisos y la Ciudad extravía su búsqueda en el deslumbre y la ofuscación, descorre velos de inalterabilidad y preceptos, exponiendo la piel al juego infinito de la libertad, del cuestionamiento de sí mismo y de la invitación de formas de autodestrucción.

El mito de Dionisos llega al mundo moderno con la fuerza de lo subterráneo, es por una parte el inconsciente que emerge liberado de su contención represiva:

> Según Jung, el mito de Dionysos significa el abismo de la 'disolución apasionada' de cada individualidad humana, a través de la emoción llevada al paroxismo y en relación con el sentido pretemporal de la 'orgía'. Es un llamamiento del inconsciente.[41]

Hê, Vau, Hê, Évohé, paroxismo de la voluntad dispuesta, incontrolada, evocación de una unión que recobra la totalidad, expresión individual y colectiva de los sentidos exacerbados en busca de su máxima amplitud, anhelo de júbilo y arrebato de una exclamación lúdica y lúbrica a través de la cual consciente e inconsciente desatan libre el fluir de su desesperación y desconcierto.

Forma del cambio, rumor terreno del inconsciente, incontinencia de una expresión artística vehemente, desenfreno de la expansión y ensanche de una dúctil sensibilidad, lo dionisíaco es también anuncio de la tragedia: "La tragedia, sostiene Nietzche, nace de la experiencia dionisíaca de la música y muere por el racionalismo apolíneo".[42] En el exceso, la sabiduría de una percepción que prolonga y descompone los sentidos en visión: pasiones metafísicas, antelaciones apocalípticas:

> La preocupación de los artistas modernos es característicamente *apocalíptica y escatológica,* aun cuando ellos sean ateístas y antieclesiásticos: tienen poco interés en mantener el barco a flote, si ven que la vida sigue en la Ciudad.[43]

---

[41] Cirlot, p. 173.
[42] Spears, p. 37.
[43] Spears, p. 53.

Profano, el artista celebra el misterio del arte en otro misterio:

> Penteo: ¿Y estas celebraciones que Uds. hacen, son
> de noche o de día?
> Dionisos: Principalmente de noche. *Hay misterio en*
> *la oscuridad.*[44]

Sagrado, el arte reserva el ritual de su posesión sólo al iniciado:

> Penteo: ¿Rituales de posesión? ¿Cómo son?
> Dionisos: No se pueden divulgar al no-iniciado.[45]

Toda revelación es una iniciación y ésta el rito secreto del adepto , pero Dionisos y sus seguidores han irrumpido en la Ciudad —creada como ofrenda al orden y a la razón[46]— a iluminar con la fuerza del instinto y lo irracional, a restablecer el principio del placer por sobre el de la realidad, el rito de la celebración y la danza por sobre el del culto, la religión de Dionisos, "es una religión de lo irracional",[47] que reemplaza la palabra por música y la vigilia por la sensualidad y el misterio nocturno. Epifanía de los sentidos, Dionisos es el símbolo del arte mismo, el complemento esencial de la Ciudad, a través del cual ésta comienza a percibir la dimensión de su propia tragedia. La Ciudad Destruída. El arte de la modernidad se puebla de imágenes apocalípticas, en lugar de exuberancia una pura reminiscencia de la medición mecánica del tiempo en un paisaje desértico, retornos de danzas de muerte en lugar de danzas de celebración, eros confundido con destrucción, belleza asocia-

---

[44] Euripides, p. 94. La versión francesa citada: "Penthée: Ces rites se font-ils de nuit, ou bien de jour? Dionysos: De nuit surtout, car les ténèbres sont sacrés". (p. 261).

[45] Euripides, p. 94. La versión en francés consultada: "Penthée: Ces mystères, dis-moi, quelle en est la nature? Dionysos: Les non-initiés ne la peuvent connaître". (p. 261).

[46] En relación al origen de un orden racional que supone el surgimiento de la ciudad, dice Spears: "La palabra *ciudad* se deriva de *civitas*, ciudad-estatal, la que es propiamente un agregado de *cives*, ciudadanos; civilización tiene la misma etimología. La Ciudad, pues, aun en su etimología, es... una sociedad de individuos suscritos a un ideal de orden racional". (p. 70). Subrayados en el texto.

[47] R.P. Winnington-Ingram, *Euripides and Dionysus: An Interpretation of the Bacchae* (Cambridge: Cambridge University Press, 1948), p. 5.

da a muerte, máscaras por rostros y silencios por palabras, el arte moderno cuestiona toda la realidad humana como asimismo induce una desesperada interrogación de su propia sobrevivencia. La moderación apolínea es desborde de derroche en Dionisos y su actuación, "fiesta antes que contemplación", "consumación antes que producción", desde el barroco a la modernidad lo dionisíaco recaptura el placer de la polifonía, introduce el cuestionamiento del arte, prolifera la palabra a la exacerbación y al vacío, silencia el eros racional y el estilo del orden, escucha las voces de la tragedia. Irreverente, fuga.

Noción del cambio: lo transformacional

La noción artística de impermanencia llega junto con una tendencia característica de lo social, lo transitorio y dos descubrimientos fundamentales de la ciencia: la teoría de la relatividad y el principio de indeterminación. Alvin Toffler ha examinado extensamente los efectos de lo transitorio en la sociedad actual y su impacto en el futuro analizando la idea de transitoriedad a través de sus signos más visibles: "muerte de lo permanente", "novedad", "diversidad" y la capacidad o límites de adaptación para experienciar el futuro como conmoción e inestabilidad.[48] Asimismo, en el terreno sociológico y económico, Peter Drucker se ha referido a esta era como la era de discontinuidad: "ahora, sin embargo, enfrentamos una Era de la Discontinuidad en la economía mundial y en la tecnología ... mientras nos hemos dedicado a terminar el gran edificio económico del siglo diecinueve, los cimientos se han desplazado bajo nuestros pies".[49] Con relación a lo cultural Marshall McLuhan ha previsto las modificaciones e implicancias supuestas al pasar de la era mecánica a la electrónica. Al discontinuar las pautas de un determinado modelo social y cultural debemos absorber lo nuevo aun cuando nuestras formas de pensamiento aparezcan ya obsoletas; el cambio social se empieza a producir con la aceleración de lo instantáneo, el resultado es la escisión generada por lo discontinuo: "Hoy en día la acción y la reacción se producen casi al mismo tiempo. Actualmente vivimos, por

---

[48] *Future Schock* (New York: Bantam Books, 1971).
[49] *The Age of Discontinuity: Guidelines to our Changing Society* (New York: Harper and Row, 1968), p. 10.

decirlo así, mítica e íntegramente, pero seguimos pensando dentro de las viejas y fragmentarias pautas de espacio de la era anterior a la electricidad".[50] Por su parte, Spears señalando la importancia del tema de la discontinuidad en nuestro siglo ha dicho: "La exploración de lo discontinuo es tan característico del siglo veinte como la elaboración de lo continuo lo fue en el siglo diecinueve" y sugiere el análisis y distingo de cuatro formas de discontinuidad en la literatura moderna: a) discontinuidad metafísica, b) discontinuidad estética, c) discontinuidad retórica, y d) discontinuidad temporal.[51] Espacio de la fragmentación, tiempo de la discontinuidad observa Paz:

> Ahora el espacio se expande y disgrega; el tiempo se vuelve discontinuo; y el mundo, el todo, estalla en añicos. Dispersión del hombre, errante en un espacio que también se dispersa, errante en su propia dispersión. En un universo que se desgrana y se separa de sí, totalidad que ha dejado de ser pensable excepto como ausencia o colección de fragmentos.[52]

Las radicales transformaciones tecnológicas y económicas del siglo diecinueve en la sociedad occidental generan una similar operación en el arte, no como causa directa ni en el sentido de lo estético como exacto reflejo del cambio socioeconómico sino como provocación del cambio. El arte, como ya señalara, asume una forma dialéctica de relación a lo social; situado más allá del producto y más allá de la reacción, infringe la coherencia de sistemas y estructuras para actuar también como "anti-ambiente" y como modificador de la sensibilidad, como terreno de percepción del cambio y como espacio anticipatorio de las implicaciones de la transformación. Es decir, el arte moderno hispanoamericano —surgido en este inicio de nuevas tecnologías y formas económicas de desarrollo— conllevará la marca indeleble de este proceso: se desplazará el mismo como forma de cambio. La diversidad y proliferación de

---

[50] *La comprensión de los medios como extensiones del hombre.* 3.ª ed. (México: Diana, 1971), p. 26.

[51] Spears, p. 21. Compendia los cuatro tipos de discontinuidad así, *Metafísica:* natural/humana/sobrenatural. *Estética:* arte/vida o mímesis/heterocosmo. *Retórica:* prosa/poesía o razón/imaginación. *Temporal:* pasado/presente/futuro. (p. 28).

[52] Octavio Paz, "Los signos en rotación", en *Los signos en rotación y otros ensayos* (Madrid: Alianza Editorial, 1971), p. 314.

estilos y el sincretismo de ellos en la literatura hispanoamericana de las tres últimas décadas del siglo diecinueve confirma esta característica metamórfica del arte de la modernidad. Su postulación como "crítica de sí misma" y como "constante ruptura" son dos factores más del cambio que Paz considera esenciales al flujo de la modernidad, que operan como modos de desconvención y desinstitucionalización, que le confieren vitalidad.[53]

Radical impermanencia, ninguna escuela o estilo ocupa una extensión de sostenida duración como formas de desarrollo impositivos de sus preferencias estilísticas o visión de mundo, por el contrario su coexistencia las conduce a la superposición o asimilación de unas y otras. Sucesivas fluctuaciones de variadas tendencias artísticas suponen la idea de un momento de plena transición que pronto ha de ceder al establecimiento de un movimiento estético susceptible de consagrar su dominio y consistencia. Sin embargo, la transición en lugar de constituir una pura instancia del proceso de cambio es su dinámica, un elemento más y también agente de una situación en la que el cambio es el único rasgo de permanencia. Este hecho, destructivo de parcelas y esquemáticos agrupamientos (generación, escuela, tendencia) va generando una escritura y una sensibilidad para las cuales la impermanencia no es un asalto sino su esencial característica de movilidad; la novedad, el centro de una búsqueda inagotable; lo transitorio, un elemento de fuga y de constancia; la cronología, una formalidad vencida por una concepción del tiempo no lineal; el sincretismo, un modo de la intensificación de líneas anteriormente sugeridas; la tradición, una expresión de discontinuidad, "sucesión de cambios y rupturas";[54] la fragmentación, la expansión disgregada de un nuevo espacio; la heterogeneidad, una agresión a la coherencia y la univocidad de lo paradigmático; la libertad, un eco; la transformación, avisos de divergencia y convergencia plurales. El cambio involucra y presencia las particula-

---

[53] "Si la imitación se vuelve simple repetición, el diálogo cesa y la tradición se petrifica: y del mismo modo, si la modernidad no hace la crítica de sí misma, si no se postula como ruptura y sólo es un prolongación de 'lo moderno', la tradición se inmoviliza". Paz, *Corriente,* p. 20.

[54] Para Octavio Paz la modernidad artística europea comienza con el romanticismo. Respecto de él y la tradición observa: "A partir del romanticismo, tradición no significa ya continuidad por repetición y variaciones dentro de la repetición, la continuidad asume la forma de salto y tradición se vuelve un sinónimo de sucesión de cambios y rupturas". *El signo,* p. 135.

res formas de origen, desarrollo y extensión de esta escritura y sensibilidad a la que llamamos modernidad.

Fases de la sensibilidad moderna

Al postular esta sensibilidad como la comprensión del acontecer artístico de una época, las varias manifestaciones que de ella surgen conforman fases del proceso total de la modernidad. No obstante, una tendencia no poco común del ensayo crítico hispanoamericano ha sido el apartamiento de cada una de ellas, su aislamiento a movimientos artísticos identificables a través de ciertas características o períodos de determinada duración. Es la historia literaria orgánica. Incomunicadas, desconectadas de su tradición inmediatamente anterior (aún como ruptura), vacías de proyección respecto de formas recientes y futuras, las obras de arte inician el díptico de un monólogo.

En una perspectiva diferente, distingo las fases del modernismo, la vanguardia y la neovanguardia o expresión postmoderna. Su uso terminológico es tentativo, pero la funcionalidad del distingo reside en la visión de conjunto del suceder de la modernidad hispanoamericana como un todo cuyos modos diferenciales se van interrelacionando. Las conocidas aproximaciones desvinculativas de cada una de estas instancias no han podido expresar la riqueza epocal de esta sensibilidad ni la dialéctica de sus vinculaciones socioculturales. Por el camino opuesto a una concepción del hecho literario que concluye en la mostración corpórea de series divergentes, busco las relaciones de sus diversas expresiones y modos, su compleja interacción sincrética, sus vaivenes de ruptura e intensificación, su logro de aperturas a originales búsquedas que remontan a inicios y formulaciones previas; el perfil y formas de su surgimiento y las fases del diseño de una escritura que inscribe en este proceso de época los trazos de una sensibilidad moderna: los rasgos de nuestra modernidad.

Modernismo

"La historia del Modernismo no se puede escribir sin la del concepto de Modernidad (y recíprocamente)".[55] Esta idea

---

[55] Lefebvre, p. 10.

además de conectar la correspondencia y la relación dialéctica entre modernismo y modernidad, no sólo establece la necesidad de un distingo terminológico sino que también busca la propiedad de una demarcación imprescindible que intenta describir tanto las señas propias de cada instancia como sus modos de interrelación. Para Lefebvre esta separación y demarcación teórica conducida hasta su oposición es la única manera de profundizar en sus relaciones y de despojar a la modernidad de su condición subjetiva: "Nuestra meditación se llevará a cabo, pues, sobre la Modernidad considerada objetivamente y como esencia despojada de las apariencias y las ilusiones del Modernismo".[56] Sin embargo, el modernismo entendido por él —en un sentido— como "el culto de lo nuevo por lo nuevo",[57] no tiene, como podría desprenderse de las citas, una connotación negativa; ambos son realizaciones de lo moderno cuya diferenciación fundamental es la distancia que media entre una realidad factual y el desarrollo de una elaboración que provee la conceptualización de esa realidad:

> *Por Modernismo,* entendemos la conciencia que tomaran de sí mismas las épocas, los períodos, las generaciones sucesivas... *El Modernismo es un hecho sociológico e ideológico. Por Modernidad,* entendemos, por el contrario una reflexión que çomienza, un esbozo más o menos imbuido de crítica y de autocrítica, *una tentativa de conocimiento... La Modernidad difiere de los fenómenos sociales,* como una reflexión difiere de los hechos.[58]

Inseparable de la crítica y la reflexión, la modernidad si es un concepto lo es en la medida de un continuo hacerse; interrogación permanente de sí misma, transforma la organicidad del sistema en voluble movilidad. Inconstante y versátil, no afectada a la apariencia del hecho recobra el mito dionisíaco de la actuación sensual que se atreve a desandar el terreno de lo puramente cognoscitivo y racional. Conjetural, su "tentativa de conocimiento" se acumula dispar y contradictoria, recorre los bordes de la deconstrucción, conminada, enfrenta la disolución.

---

[56] Lefebvre, p. 10.
[57] Lefebvre, p. 170. Agrega: "...su fetichismo aparece claramente hacia fines del siglo 19 (con el 'estilo moderno')".
[58] Lefebvre, pp. 9-10.

De otra parte, al acecho de la novedad, el modernismo irrumpe con la fuerza de la temporalidad que se instala, del transcurso apremiado a la caza de la moda y del presente, a las anticipaciones del futuro. Poetas de la era mecánica —los modernistas— le cantan; radares de la misma preven sus efectos. Forma artística de la era eléctrica, el modernismo detecta la insuficiencia del lenguaje como medio, lo revive, lo rescata a nuevas formas. Fuerza del hecho, constituye la expresión artística de una sociedad de cambio; sin embargo, "el modernismo no practica ninguna ortodoxia, tampoco propone una estética lineal o sistemática. Opera un movimiento expansivo impulsado por una poética de englobamiento",[59] expansión cuyos lineamientos y huellas marcan el proceso total de la literatura hispanoamericana de la modernidad. Desde el modernismo a las actuales expresiones literarias heredamos la práctica de la heterodoxia, la búsqueda disímil de una estética plural, pero sobre todo el acerbo rechazo al acoso de lo orgánico y lo clasificatorio. En el modernismo se encuentran las raíces de una presencia constante de la modernidad: lo asistemático, la transgresión a la rigidez de la formulación; el incentivo al desenfreno de figuraciones no constrictivas.

Así, la diferenciación que Lefebvre establece entre modernismo y modernidad (la que va del hecho a la reflexión) es significativa también de un indisoluble enlace que tal como señalara anteriormente constituyó una de las fecundas percepciones de Federico de Onís (el modernismo es esencialmente la búsqueda de modernidad), es decir, que su relación es la que se establece entre el concepto cultural y su corporeidad literaria, su vivencia y expresión como forma de arte.[60] El modernismo —con respecto a las formas artísticas hispanoamericanas— es la fase originaria de la modernidad, la apertura a ilimitadas búsquedas estéticas que conforman el inicio de una sensibilidad y de una concepción cultural sostenida por el cambio y

---

[59] Yurkievich, *Celebración,* p. 62.

[60] Al respecto y considerando también el planteamiento de Federico de Onís, Angel Rama conectará así la relación modernismo/modernidad: "El *modernismo* no es sino el conjunto de formas literarias que traducen las diferentes maneras de la incorporación de América Latina a *la modernidad,* concepción sociocultural generada por la civilización industrial de la burguesía del XIX". "La dialéctica de la modernidad en José Martí", en *Estudios martianos,* p. 129.

la anulación del sistema, de una escritura cuya expansión alcanza hasta nuestras actuales manifestaciones del arte y cuya compleja naturaleza recién se empieza a describir como algo más que la estrechez de un movimiento generacional.

Postmodernismo y vanguardia

Desprovisto de espacio cronológico, dirá Paz, no hay cabida "para ese pseudomovimiento: si el modernismo se estingue hacia 1918 y la vanguardia comienza hacia esas fechas, ¿dónde colocar a los postmodernistas?"[61] Como se sabe, la articulación de una terminología que diera cuenta de la espacialización de la modernidad viene desde Federico de Onís. Entre 1896 y 1932 comprende él los diferentes momentos de lo moderno y utiliza los términos postmodernismo (1905-1914) y ultramodernismo (1914-1932) como parámetros de reacción (disminución y exacerbación) frente a lo que él consideró el "triunfo del modernismo" (1896-1905):

> El modernismo no sólo removió profunda y radicalmente el suelo literario, sino *que echó los gérmenes de muchas posibilidades futuras. Estas son las que se han desarrollado después, durante el siglo XX, en una multiplicidad de tendencias contradictorias* que hemos tratado de agrupar en las dos últimas secciones, según signifiquen un intento de reacción contra el modernismo, refrenando sus excesos (postmodernismo), o de superarlo, llevando más lejos aún su afán de innovación y de libertad (ultramodernismo).[62]

Mientras la terminología y la cronología usadas por de Onís son insuficientes (se sabe de manifestaciones plenamente modernistas anteriores a 1896 y también posteriores a 1905 y de expresiones vanguardistas con posterioridad al año 32) no lo es su concepción con respecto al modernismo: la persecución de modernidad —como ya hemos hecho notar— ni tampoco su idea de modernidad asentada en las nociones de cambio y crisis. Federico de Onís vio en el modernismo hispanoamericano una instancia fecunda, germinativa de la mo-

---

[61] Paz, *Los hijos,* p. 136.

[62] F. de Onís, "Introducción, Historia de la poesía modernista (1882-1932)", en *España,* p. 186.

dernidad que prolífica se expandiría en nuestro siglo en *esa multiplicidad de tendencias contradictorias;* previó, visionario, su carácter plural, disímil y aleatorio, al tiempo que creía posible darle unidad a estas expresiones, de allí su intento de agrupación en tres momentos de diferente tonalidad, pero concentrativas y referentes siempre a la idea de modernidad. Lo inadecuado de la terminología y de los apartamientos cronológicos revelan en su caso un problema de perspectiva histórica y no de concepción; demasiado cercano al fenómeno percibe la complejidad de su iniciación y posibilidades de desarrollo, pero sólo entreví la totalidad de sus implicancias.

Con algo más de suerte que la que tuvo la corta existencia del término "ultramodernismo", el vocablo "postmodernismo" logró una relativa duración en la crítica hispanoamericana aun cuando su esquema cronológico de extensión hubo de ser modificado.[63] Sin embargo, no se justifica su utilización para describir un período de la literatura hispanoamericana no sólo por el prurito de la ausencia de un espacio cronológico en el cual pueda insertarse sino porque además las direcciones siguientes al modernismo siempre remitirán a él, ya sea en su vertiente proliferativa o de reacción, o en su venero intensificativo o de negación y ruptura. Hay nuevas búsquedas, especialmente en relación a lenguaje y expresión, pero una siempre distintiva marca iniciada en el modernismo, la agresividad de la búsqueda, la certeza y la incertidumbre de moldear una estética del cambio.

---

[63] Por ejemplo el de Octavio Corvalán: "la denominación 'postmodernismo' abarca el período cuyos límites históricos *son las dos guerras mundiales.* Claro está que las primeras manifestaciones de una estética nueva aparecen algunos años antes de 1914 y muchas características de lo que llamamos postmodernismo se prolongan más allá de 1939... En suma, *llamo postmodernismo* a lo que Federico de Onís separaba en dos momentos consecutivos, 'post' y 'ultra' modernismo". *El postmodernismo* (New York: Las Américas Publishing Company, 1961), pp. 7-8. Sin embargo —y con más cautela— señalará en un libro posterior cuyo título es ya un significativo olvido del postmodernismo (*Modernismo y Vanguardia*), "Tal vez el término 'postmodernista', si algo concreto denota, se refiere a las circunstancias nuevas que imprimen matices diferentes a la poesía, *pero no a una poesía esencialmente distinta.* El mismo vocablo indica que el áncora está fija en el modernismo". Y "Muchos [autores] se nos trasvasan de una [coordenada] a otra con el pasar del tiempo. Por eso preferimos la cautela de un esquema abierto a proponer reticulados categóricos". *Modernismo y vanguardia: coordenadas de la literatura hispanoamericana del siglo XX* (New York: Las Américas Publishing Co., 1967), pp. 14-16.

La tendencia inicial de la crítica hispanoamericana fue la de estudiar las manifestaciones "postmodernistas" y las de vanguardia como modos iconoclastas frente a las "suntuosas", "formales" y "marfilescas" expresiones del modernismo; se hablaba del "oscurecimiento" y del "ocaso" del "movimiento iniciado por Darío". Cegada esta crítica a rasgos exteriores y formales del modernismo nunca vislumbró en él la gestación de la modernidad estética hispanoamericana, jamás reconoció el vigor y la extensión que sus manifestaciones provocaban, fue consignado al círculo de una generación cuya moda y procesos de invención se agotaban. En consecuencia, la vanguardia les pareció el abrupto inicio de formas que negaban su tradición. Estudios posteriores de más amplitud derriban el modo parcelario de esa actitud crítica, no se niega la "tradición de la ruptura", sin embargo aquella se entiende como "tradición que se niega a sí misma *para continuarse*",[64] se busca el puente entre la vanguardia y el modernismo examinando, por ejemplo, la evolución poética de un Huidobro, su poética de renovación y enlace a la vez con el modernismo concebido en el vasto espacio de la modernidad, se afirma el hecho insoslayable: "la dicotomía antagónica del vanguardismo frente al Modernismo es un postulado crítico negado por la realidad literaria",[65] se vuelve "a la escritura polivalente, polimorfa, polifónica de los modernistas [como retorno] a la fuente de la modernidad".[66] Intensificación, exacerbación, radicalización: Darío, Lugones y Herrera y Reissig son estudiados como la promoción del vínculo entre el modernismo y la vanguardia, constituyen el cordón de nexo entre una coordenada y otra. El espacio vacío que entre una instancia y otra se había creado se convierte ahora en espacio de intersección, de cruces significativos, de encuentros que son rebrotes y remisiones, de negaciones que remontan a la esencia misma de la modernidad y al proceso factual del modernismo: ruptura y cambio como dinámicas vitales de sobrevivencia.

---

[64] Paz, *Los hijos*, p. 145.

[65] René de Costa, "Del Modernismo a la Vanguardia: el Creacionismo pre-polémico", *Hispanic Review*, 43 (1975), p. 272. De Costa cita además la significativa declaración de Jorge Luis Borges: "si me obligaran a declarar de dónde proceden mis versos, diría que del modernismo, esa gran libertad..." [p. 262].

[66] Yurkievich, *Celebración*, p. 7.

> La vanguardia es una exasperación y una exageración de
> las tendencias que la precedieron.[67]

Si con el modernismo se inicia en Hispanoamérica una incodificable estética del cambio y la agresión, con la vanguardia todos los signos del acto transformacional y de novedad serán conducidos al límite donde el salto posterior —abierto a tierra de nadie, poroso de vacío y silencio— anuncia la ausencia de toda germinación. Contienda por la descontención la vanguardia allana todo registro, recorre desafiante el disfrute del deslímite:

> La vanguardia infringió todas las preceptivas, experimentó casi todas las innovaciones posibles, a tal extremo que se llegó a considerar invalidado por agotamiento el libro como soporte.[68]

Irreverente transgresión, explora terrenos vedados e impugna la inalterabilidad de lo normativo. Disidente, lo experimental es la manera activa, acrática, de expresar la disidencia y la no fijación de las formas. Inestable, la invención de un proceso desplaza a otro y convoca su propio desplazamiento. Búsqueda de realidades que disientan de la hosquedad de lo real, forja de una suprarrealidad o de una irrealidad reinventivas de una nueva realidad, auspiciadoras de lo fortuito y lo maravilloso, de lo exuberante, de la ausencia de conexión lógica, de una dimensión que remonta al extremo más lúdico de la imaginación, de la sorpresa de "dar a la caza alcance". Derroche figurativo, surrealismo, irrealismo, ultraísmo, estridentismo, creacionismo, etc., plantean el sinnúmero de posibilidades que las búsquedas de la vanguardia liberaron al acumulamiento de inicios encontrados en tendencias anteriores; verdadera descontención del agolpamiento explota la totalidad al fragmento y cada una de estas expresiones revela en la descomposición y celeridad de su discontinuidad su mejor sentido de afirmación. Regocijo del verbo, fragua de la palabra, los poetas de la vanguardia exaltan el júbilo del lenguaje a liturgia, ceremoniosos y profanos,

---

[67] Paz, *Los hijos*, p. 159.

[68] Yurkievich, *La confabulación con la palabra* (Madrid: Taurus, 1978), p. 167.

> Con cortacircuitos en las frases y cataclismos en la gra-
> mática,[69]

apremiados de provocación, manipulando el lenguaje a

> Fuegos de risas,[70]

quitando cortezas de anquilosamiento y fosilización, despier-
tan la convicción de que en el espacio poético del verbo, la palabra es el fundamento y no el vehículo de la expresión, la apertura a los trazos de una escritura "no-naturalista",
"anti-representacional", los signos de una escritura del cambio.[71]

La neovanguardia y la doble productividad postmoderna

Si el arte vanguardista hispanoamericano se reconoce en
la movilidad de una escritura del cambio por su ampliación
intensificadora de la renovación modernista, el arte postmoderno o neovanguardista hispanoamericano supone la plena
realización de una estética radical y el desenvolvimiento audaz
de procederes, articulaciones y configuraciones subyacentes en
sus fases previas, el modernismo y la vanguardia, pero, sobre
todo, el cumplimiento y ejecución de su modo diferencial inmediatamente anterior: el anuncio y proyecto vanguardistas
convertidos ahora en realización. Tiempo del arte de lo "por ve-
nir", en el que la audacia de la proposición cede lugar al de
la plasmación. La crítica inseparable del espíritu de la modernidad es incorporada en la estética neovanguardista al acto inmediato de la creación.

La trayectoria fenomenológica del acto de la lectura
—aportación estético-lingüística de Wolfgang Iser— ha con-

---

[69] Vicente Huidobro, *Altazor* (Santiago de Chile: Editorial Cruz del Sur, 1949), p. 57.

[70] Huidobro, p. 58.

[71] Confróntese el artículo de Julio Ortega, "La escritura de la vanguardia", *Revista Iberoamericana,* 45 (1979), 187:198 Ortega expone además el sentido liberativo y subversivo que con relación a nuestra percepción operó la escritura de la vanguardia: "y no en vano ellas son [las vanguardias] un movimiento de escritura que libera nuestra percepción moderna desde los poderes
del lenguaje y la conciencia del cambio. Escritura por ello de una realidad su-
blevada: *escritura de la revolución,* esto es, de nuestra conciencia del sentido".
[p. 196].

tribuido a entender de un modo más profundo el acento que la realización de un arte postmoderno pone en la productividad estética concebida como consumación de un proceso participatorio integral. La fusión interactiva lector-texto o actor-espectador en el plano de la representación escénica como un proceso de comunicación doble, comienza en la comprensión que el propio escritor adquiere en el mero acto consciente del escribir: toda escritura revela un acto de lectura en sí y todo acto de lectura implica el registro de una escritura completativa de su escritura originaria. La productividad del texto se dinamiza en la producción del lector: "El disfrute del lector comienza cuando él mismo deviene productivo, es decir, cuando el texto le permite incorporar sus propias facultades creativas".[72] El arte postmoderno insiste en la realización del hecho estético como un fenómeno de doble productividad: "Cuando una obra es producida, el acto creativo es sólo un impulso, incompleto, abstracto... El proceso de escribir, sin embargo, incluye como correlato dialéctico el proceso de lectura, y estos dos actos interdependientes requieren de dos personas activas, en diferentes modos."[73] En el curso de esta dialéctica y en su indeterminación, o sea ausencia de una programación limitada, el arte postmoderno no sólo resiste su incorporación a la producción de objetos como mercancía, sino que también registra el blanco de un espacio dispuesto a la disociación y al juego, al placer de que la extensión de una escritura no acaba en el hecho de su comprensión sino en el de un compromiso creativo que trasciende el repertorio original de significaciones. La doble productividad postmoderna conlleva la desafiante proclama de una lúdica pluralidad que por abundancia resulta múltiple e incorporativa a la vez.

La teoría de respuesta estética (respuesta entendida como efecto y respuesta) edificada por W. Iser está basada en una discusión de la capacidad perceptiva-creativa del lector y de su relación interactiva con los modelos y repertorios que el texto ofrece. El traslado del énfasis al polo de la recepción, teniendo en cuenta el esquema básico de la tríada lingüística de comu-

---

[72] Wolfgang Iser, *The Act of Reading: A Theory of Aesthetic Response* (Baltimore and London: The John Hopkins University Press, 1980), p. 108.
[73] Iser, *The Act of Reading*, p. 108. Cita que Iser toma del texto de J.P. Sartre, *Was ist Literatur?* Traducido por Hans Georg Brenner (Hamburg, 1958), p. 27.

nicación, supone como primera e inmediata consecuencia la presencia de un texto y de un lector recientes, formulándose en el acto mismo de la lectura. La importancia que Iser da al acto de la lectura, especie de ejecución e interpretación de pautas y mecanismos dispuestos a otra percepción artística o creativa, es la que lo lleva a establecer la diferencia entre los planos artísticos y estéticos de la obra literaria: "el polo artístico es el texto del autor y el estético es la realización lograda por el lector."[74] En lo que concierne a las implicaciones de esta idea en crítica literaria, Iser disputará la labor de mediador entre texto y lector asignada al crítico, así como la arqueológica labor excavatoria de encontrar el "significado oculto", el misterio de la obra. La obsolescencia de tales perspectivas radica tanto en el hecho de no poder percibir la obra como una pluralidad interactiva de escrituras y lecturas, como en verla sólo como un conjunto de repertorios y significaciones, lo cual no puede constituir sino una evidencia de la precariedad del acto de la lectura.

Una percepción crítica sobre el arte postmoderno que arraigue al proceso experimental mismo de la lectura como arte y crítica, como modelo y transformación, como borrador y original, como comunicación y respuesta, como escritura y lectura, como creación y corrección, como multiplicación de un sentido imposible de rehacer como totalidad, debe establecer las implicaciones que este arte genera en el terreno mismo de la crítica, es decir, comenzar por revelar el sentido de una rebelión. No ya la crítica del arte dentro del arte como en la fase anterior de la modernidad, sino la crítica de sus modos de captación, la desconvención de percibir el arte como proceso o resultado, la manifestación solicitativa de ser indagado como fragmentos de una imaginación proliferativa y dispersa.

La relación de análisis entre texto y lector —supuesta en el arte postmoderno— es siempre la de una *novedad*, la de su presente fenomenológico, no se fija a una particular valoración histórica. El espíritu crítico, así, deviene tan impermanente y cambiable como la obra misma, es decir, como la obra se abra diferentemente a una especial relación de lectura. El énfasis de una teoría estética en el acto de la lectura no condena al texto a una suerte de análisis ahistórico, abstracto, pero eli-

---

[74] Iser, *The Act of Reading*, p. 21.

mina sí su fijación histórica valorativa determinista. Un texto literario es válido en cuanto comprensión y esta comprensión se puede validar sólo desde una interacción de lectura. El análisis sociológico tradicional, aquel que marca las direcciones del texto a su pura contextualidad histórica olvida el otro brazo creativo de la escritura, el del lector. La insistencia del arte postmoderno y su exigencia también en la participatoria del lector o espectador es un modo de liquidar la unilateralidad de la crítica moderna apoyada sólo en un lado del objeto estético. El arte postmoderno es más que un arte crítico de sí mismo, es crítico de la teorías relacionadas a él, la vanguardia de un proceso supracrítico, una salida a operaciones que rechazan la figuración del objeto artístico como resultado o como centro focal de realización. El arte vanguardista de la modernidad requería la crítica de sus propios mecanismos, el de la fase postmoderna se destruye a sí mismo y consigo las formulaciones sobre él para inventarse siempre como novedad, para activarse como transformación; una mutación que no tiene que ver ya con la piel del texto, sino con una intromisión en la conciencia misma de un receptor que en dicha operación deja de ser tal.

En su recurso de impacto (shock) el arte postmoderno opera como el aviso de una conciencia supratextual; su significación no reside necesariamente en el mensaje ni sus significados se comportan como el lado oculto de un enigma, no hay la disposición de emplazar un código que deba ser descifrado. La radialidad de sus significaciones constituye más bien el resultado disperso y fragmentario de un suceso y de una confrontación. La subjetividad de la experiencia interactiva entre lector y texto, drama y espectador va transformando el acto mismo de la lectura o de la observación en una suerte de composición en el que el proceso de la comunicación recobra su sentido originario: la participación tribal de todos sus componentes y la confirmación de que arraigada a la esencia del acto comunicativo está el arte, también la palabra como sentido feliz de la creación. El arte postmoderno comienza por cuestionar la validez de un modo prolongado de interpretación, aquel que valora el texto como un todo que debe originar un significado comprehensivo y totalizador de la obra, pone en duda por tanto aquella visión interpretativa que ve en el texto o en sus raíces de producción la única fuente del objeto estético. El supuesto de esta crítica en el arte postmoderno inaugura la dimensión de la experiencia (experiencia comunicativa y participativa) como el complemento necesario del proceso creativo.

Perspectiva de escritura y lectura, o actuación y representación —si es que aún se puede mantener la vigencia de estos términos— como formas de un acto actualmente en creación.

Los modelos más radicales del arte postmoderno concurren ellos mismos como un acto de interpretación. Este es el aspecto más visible del estrato supratextual de este arte y de su operación consciente de advertencia y preparación de quien todavía se enfrenta al arte con el delicado asomo y/o consumo de una contemplación. De hecho, mientras el estrato crítico-interpretativo busca el distanciamiento para reconstruirse como sistema y generar códigos heurísticos de aproximación, el arte que destaco emite otras señales, la interpretación se propone como modo de experiencia comunicativa y creativa de la lectura o actuación. La manisfestaciones del arte neovanguardista podrán actuarse, elaborarse, recrearse como actos interpretativos en sí y su análisis contendrá notas, tachas, borradores, el movimiento de un suceso, no la fijación de un producto: "el significado de un texto literario no es una entidad definible, sino que, si lo hay, es la dinámica de una ocurrencia (*Happening*)".[75] La crítica del arte postmoderno provendrá del propio cuestionamiento al que la lectura de este arte nos confronta: una pregunta sobre la vigencia o caducidad de nuestros modos de interpretación, su inestabilidad como pretensión de sistema y las demandas que un nuevo arte empieza a imponer en la percepción de una crítica como un acto creativo de la lectura.

La realización de una teoría estética orientada a la fenomenología del acto de la lectura y las estrategias del lector y no exclusivamente a la descripción del medio o de los repertorios textuales, y la búsqueda de su dinámica interacción pone de manifiesto un conjunto de ideas sobre el potencial artístico-comunicativo de la obra de arte que no debe descartarse con la aserción simplificadora de que ya constituye un tópico en nuestra literatura. Es cierto que modalidades y experiencias como las de una percepción fragmentaria del texto, la ausencia de totalización (o lo que se ha denominado "grado cero de interpretación" en relación a una visión coherente, unívoca de la realidad),[76] la concepción del texto como exploración y no

---

[75] Iser, *The Act of Reading,* p. 22.

[76] Mas' ud Zavarzadeh, *The Mythopoeic Reality: The Postwar American Nonfiction Novel* (Chicago: University of Illinois Press, 1976), p. 3. Se explica en este ensayo que el grado cero de interpretación puede encontrarse

como producto, el constante proceso transformacional del texto y de la lectura, la capacidad reconstructiva y reestructurativa de las plurales significaciones textuales junto con su modificatoria posibilidad de ejecución y realización, la intromisión de un "lector implicado" en el texto y de estructuras y mecanismos textuales en la conciencia del lector, germinan ya en el caso de la literatura hispanoamericana desde la creación modernista; sin embargo, su desarrollo e intensificación manifiestos en la vanguardia, ejercerá eventualmente su presión crucial en las creaciones que denominamos aquí postmodernas y que se ha llamado también arte de la neovanguardia o arte supramoderno.[77] En la referencialidad contextual de los delineamientos que he establecido se basan las perspectivas de las aproximaciones siguientes. Contemplo la elección de dos modelos; el primero —que cubre la relación representacional actor-espectador— yuxtapone dos manifestaciones de distintas latitudes universalizadas en la similitud y direcciones de la sensibilidad de la fase postmoderna; la desfiguración simbólica-figurativa del teatro pánico de Alejandro Jodorowsky, la procedencia indeterminada, casual, eufórica del efímero-pánico y la improvisación y la lógica del *Happening* como ocurrencia. El segundo —que refiere a la relación lector-texto— recurre a la dualidad fundamental de una novela (*Entre Marx y una mujer desnuda*), resuelta finalmente en una pluralidad deconstructiva de sistemas ideológicos, lingüísticos y artísticos. En el nivel de una preocupación estética, su realización revela además su situación de obra expositiva de todos los efectos y posibilidades de una creación postmoderna e inaugura también otra inquietud: la de su término.

_____

en el desarrollo de las innovaciones de la más reciente novela norteamericana: la novela supramodernista (o postmoderna). Esta revelaría además la conciencia de los efectos culturales de una sociedad tecnotrónica.

[77] El término supramoderno es usado por Zavarzadeh. Consciente del uso que la crítica hace del vocablo postmodernismo, rechaza esta expresión como una manera de designar estos desarrollos recientes para los cuales crea el término supramoderno, reservando el de postmoderno sólo en un sentido temporal para referirse al período siguiente al de la modernidad. Zavarzadeh, *The Mythopoeic Reality*, p. 3. Yo uso la expresión postmoderno como sinónimo de neovanguardia, la tercera fase o momento diferencial de la modernidad. La modernidad es, pues, un concepto epocal, lo postmoderno —en este ensayo— una manifestación de la modernidad. Terminológicamente, sin embargo, la elección de la expresión "postmoderno" significó para mí el problema de su uso en otros ensayos como el de una sensibilidad, no ya fase, y además, posterior a la de la modernidad.

Pánicos y Happenings

El distanciamiento que el pánico establece tanto de la expresión clásica-tradicional como de la moderna reside en la ausencia de los planos figurativos o abstractos esenciales a ese tipo de teatro: "Los teatros primitivos, clásicos, románticos, simbólicos, etc., corresponderían a la figuración pictórica. El teatro contemporáneo de Beckett, Ionesco, Adamov, Tardieu, Genet corresponde a la abstracción".[78] El teatro pánico asume el modo de una sensibilidad postmoderna no sólo en el abandono del simbolismo y de la abstracción. Es radicalmente una celebración en la cual el tiempo es esa imprecisión de nuestra experiencia diaria, la difusión y la disparidad de una mezcla rechazando el artificio inútil de una cronología. Toda la noche o dos minutos juega el pánico la celebración del rechazo al absurdo tanto de la linealidad interna de la obra como la de su percepción. El efímero-pánico prescinde de actos, escenas, apartes explicativos, integra la experiencia de la celebración en la dinámica de un suceder construyéndose en la gradualidad y entusiasmo de la participación. El pánico se crea en la capacidad generativa de una respuesta. Su dirección es inicial y temática, no prescriptiva; su constitución barroca le otorga el dinamismo de abundar en variaciones encontradas por los participantes iniciadores del efímero o por los que se integran a su realización. El tiempo es así concreto, en el sentido de evitar un tiempo fingido (la equivalencia de una escena a un año por ejemplo, o el envejecimiento de un personaje); su concreción es, sin embargo, un rasgo de deslímite en cuanto al alcance de dimensiones insospechadas al que el recurso incierto y catártico de los personajes lleva.

Continuidad barroca postmoderna: la ejecución de la variación es tribal: actor-espectador-medio. Su separación es artificio puramente metodológico. Esta dinámica recupera la diseminación fragmentativa de la sociedad postmoderna.

El espacio pánico es cualquier espacio, pero especialmente el término de la unidimensionalidad del escenario que distancia público y actor y que marca la diferencia entre representación y observación. Un patio, la sala de estar, la calle, un lugar sin telón ni decorados, un espacio pánico que fluye con

---

[78] Alexandro Jodorowsky, *Teatro pánico* (México: Ediciones Era, 1965), p. 11.

76

la yuxtaposición heterogénea de la ciudad y de los medios modernos, un lugar provisto de ruidos, transeúntes, colores; la interferencia deja de ser tal al entenderse como una parte de la realización efímera. El efímero saca al teatro del escenario separativo, distante, deja de ser el centro de una observación. Convertido en espacio de reunión tribaliza y contrae los elementos y ejecutores de un proceso en creación. Asimila creatividad a pluridimensionalidad participativa, integra, compromete. Una tendencia que la expansión tecnológica de la sociedad postmoderna conoce bien: los medios de comunicación son pánicos no sólo por su base de disimilitud yuxtaposicional sino que también por su carácter totalizador y envolvente de la comunicación como experiencia.

El pánico es la participatoria de una composición en el acto de su ejecución. Composición con arreglos, dudas, fragmentos, interpolaciones, pausas, simulacro del hallazgo, creativo, estímulo de los participantes y de los elementos usados, humor de la actuación. Como disfrute de la improvisación no posee estilo sino euforia. Irrepetible, por eso se le llama efímero-pánico, no quiere ser perdurable, esencia, terreno del análisis pieza de museo; el pánico *es* el "terror, el humor y la euforia" de una creación. Ni actos, ni actores, ni escenas, ni escenarios. Compromiso de una participación más que actuación, por eso no es una representación ni el código de un mensaje. La aportación del pánico es colectiva y no autorial, no expresa contenidos, contiene sí la expresión del "hombre pánico", no ya el gesto de un búsqueda sino el de una interrogación. Profano porque atenta contra la contemplación pasiva del "hombre augusto", aquélla que fija el pensamiento y la acción. Modo pánico de la estética postmoderna, reflexión sobre las posibilidades de un arte marginal y logro de un margen de libertad como desafío.

Happenings: indeterminación y espontaneidad del suceso. La ocurrencia como arte, la imprecisión e inmaterialidad escénicas. El collage y el azar del encuentro en la escena. La sorpresa que agrede la lógica y desarrolla la inarticulación imaginativa en el proceso de la actuación.

El funcionamiento yuxtapositivo del *Happening* —es decir el concurso de lo disperso en la escena como su forma más natural de disposición— implica la expansión total de la comunicación artística y de sus posibilidades elaborativas en la ocurrencia espontánea del presente de la actuación. El encuentro fortuito de lo disímil responde por otra parte a la disposición tecnológica de la sociedad postmoderna: simultaneidad que el medio comunicativo de la ciudad articula y que la densidad barroca del paisaje denso y fragmentario de la urbe inventa. El *Happening* revive esta experiencia pero no como comunicación receptiva sino actuante, participativa. Su ejecución es el ofrecimiento de combinaciones inagotables. Su descripción refiere siempre a su imprecisión, a su carácter no programado:

> No se llevan a cabo en un escenario convencionalmente sobreentendido... un número de participantes, no de actores, ejecutan movimientos y manipulan objetos antifónicamente... El *Happening* no tiene argumento aunque es una acción, o más bien una serie de acciones y sucesos.[79]

Que el *Happening* reúna las artes y las técnicas de todas las artes en el impulso accidental y aleatorio de la actuación no supone el resultado de una suma incoherente del conjunto de sus elementos participativos. El uso de un ambiente que incorpora la escena al espacio de la audiencia y que sugiere las referencias de la actuación, integra el sentido compositivo y creativo de una improvisación. En este sentido es que Daniel Bell ha enfocado también la combinatoria de ambiente y realización teatral como recurso esencial al *Happening*: "Un *Happening* es un pastiche que combina un ambiente como escenario con una representación teatral... Incorpora al espectador en el proceso mismo de la creación".[80] Arte de combinatorias: dimensión no dividida de escenario y ambiente, espectador y actor, participación y observación, actos-escenas y percepción del sentido de la obra, actuación y espectáculo, teatralidad y otras artes, invención y uso interactivo de previas obras, vida y arte, experiencia y arte. La conglomeración del pastiche y la yuxtaposición del collage, concentración y trazados de los circuitos de una conciencia postmoderna expandida hacia los límites de una experiencia total y colectiva, radicalmente no contemplativa.

Similitudes: la sensibilidad postmoderna funda un espa-

---

[79] Susan Sontag, *Against Interpretation* (New York: The Noonday Press, 1966), p. 263.

[80] Daniel Bell, *The Cultural Contradictions of Capitalism* (New York: Basic Books, Inc., Publishers, 1978), p. 128.

cio asimilativo. Contextualiza la posible diferenciación de la procedencia de sus modelos.

La idea de "sacar al teatro del teatro" en el caso de la expresión pánica, la ausencia de rasgos simbólicos y figurativos, la integración de materiales considerados tradicionalmente no teatrales, la fusión incorporativa de escenario y audiencia, el efecto de la improvisación, el uso del espectador más que el reclamo directo de su participación, la resolución de una catarsis en las sucesivas transformaciones de la misma actuación entendida como espectáculo colectivo, revelan un plano de similitud al de la sorpresa, falta de continuidad, sucesión de una alógica onírica, "ocurrencias" y ambigüedad de los límites de lo representativo al que el *Happening* recurre.

Planos de convergencia: la disposición témporo-espacial de pánicos y *Happenings:*

En el 'efímero' no se finge transcurso del tiempo. Lo que pasa dura el tiempo que dura.[81]

Los sueños no tienen sentido del tiempo. Tampoco los *Happenings*... Los *Happenings* ocurren siempre en el tiempo presente.[82]

La descripción de los elementos del arte postmoderno avecina la simultaneidad de dos expresiones. Su acercamiento revela el temple de lo postmoderno: "El temple postmodernista demanda que lo que fue previamente representado en la fantasía y en la imaginación debe ser también actuado en la vida".[83] Pánicos y *Happenings* son procesos de un arte que explora sus propias posibilidades críticas en el gesto recreativo de la lectura y la actuación, realizaciones adictas a una forma de violencia artística que las acerca al ritual del sacrificio: la destrucción y la víctima (el propio teatro) como organizadores del espectáculo colectivo. Tribalismo, primicia, primitivismo. Arte convergente hacia la simultaneidad del acto comunicativo como creación. Su experiencia transforma texto y lector, revierte la función de uno y otro. Su resultado es la implicación de un lector inconstante en el texto y la modificación completa de nuestra conciencia perceptiva del arte.

---

[81] Jodorowsky, *Teatro pánico,* pp. 14-15.
[82] Sontag, p. 266.
[83] Bell, pp. 53-54.

Modelo y mordacidad de lo postmoderno

Dos fantasmas —dos polos tensivos— recorren la novela de Jorge Enrique Adoum *Entre Marx y una mujer desnuda.* El título, profano de la seriedad del discurso ideológico y primera ironía tectónica de la novela, designa internamente ya la tensión de construcción de sistema de ideas de una parte y revuelta de lo erótico de otra como placer del cuerpo, pero también como juego en la comprensión del cuerpo como textura. Quien se desnuda es el texto: los múltiples mecanismos de su composición quedan al trasluz, se exponen a la mirada básica del lector, no a su capacidad crítica, estelar, del texto.

Como modalidad de una escritura neovanguardista —sentido tonal apocalíptico de lo postmoderno— el texto *Entre Marx y una mujer desnuda,* explora en una búsqueda de deslímite las tentativas y preocupaciones originadas en las creaciones vanguardistas de un Macedonio Fernández o posteriores de un Cortázar,[84] impone un registro que nos parece familiar en términos de una novedad deconstructiva del texto, pero que además nos conduce al margen de la literatura: a ese espacio en que el blanco precede a la letra y el autor inventa la escritura.

"Texto con personajes" al subtítulo y sin embargo la novela es una lucha denodada en contra de lo autobiográfico, de la anécdota, de la situación y de la descripción, "pero a qué tanta descripción, si las cosas van a pasar de la misma manera en este paisaje o en otro o sin necesidad de paisaje alguno, porque esto no es una película".[85] "Texto con personajes" y sin embargo, airada reacción a la descripción misma de los personajes:

> Y hasta cuándo vamos a estar describiéndolos... curiosidad malsana, pereza mental a que nos acostumbró la novela tradicional, exigiéndole a la literatura que nos dé el retrato terminado en lugar de ir formando el rostro. (p. 120).

---

[84] Nombramos hitos, modelos; por cierto, el territorio de esa búsqueda en la narrativa hispanoamericana es amplia. Se conecta a la descripción de una escritura de la modernidad y a otra, barroca.

[85] Jorge Enrique Adoum. *Entre Marx y una mujer desnuda: texto con personajes* (México: Siglo Veintiuno, 1976), p. 15. Todas las demás citas relativas a esta novela están incorporadas al texto y siguen la misma edición.

Este aspecto paradojal del subtítulo revela la ironía y la tónica de otra paradoja, esta vez central y dominante: escribir en el diseño de una obra el desencanto y la agresión a la idea de texto como estructura o sistema. Desescritura en contra de la escritura. Escritura móvil, dispersa, en contra de otra fijada, atenta al signo como producción coherente de significados. En esta tensión subterránea de la novela, el relato está propuesto como narración no referencial, ausencia del recurso del pasado, narración por hacerse y líneas de lo por ocurrir, narración futura que alguien escribirá o completará finalmente. La experiencia narrativa no está expuesta como acumulación de hechos que se relatan sino como experiencia que evita este descenso con una invitación participatoria del lector: tú miras mis dudas, mis correcciones, el borrador, el proceso es nuestro y el futuro escritural de esta novela, incierto, un enigma a resolverse o a aniquilarse en la conciencia dispersa de todos sus lectores:

> O sea que las cosas no han sido todavía sino que van a ser, no pasaron así sino que van a suceder ahora, en estas páginas, nadie sabe cómo, no tienen un principio ni un orden otro que el que tú les des. (p. 9).

Proposición de incertidumbre, establecemos, pero también de alteración y arbitrariedad: "e incluso la sucesión de renglones, de párrafos, de páginas puede ser alterada porque, aunque inflexible en su estructura, es deliciosamente arbitraria" (p. 9). Un prólogo que interrumpe una instancia de anécdota, el más climático del desenlace, ese instante en que el lector es casi devorador y devorado, el "caza-desenlaces", o el acto de una hoja arrancada de la máquina de escribir como suceso de interrupción y replanteamiento, o la hoja escrita convertida en pelota de papel (la conversión de la escritura al "imbunche"), o la mención crítica e irónica de la crítica literaria y del lenguaje literario, o el desglose de terminología crítica y alusión a críticos como anticipación o conciencia de trabajo de taller inacabado, plantean, indudablemente, el trazado de una novela como proceso y no como el acto de creación finito, dispuesto a su lectura. Como metanovela, *Entre Marx y una mujer desnuda* es una interrogación sobre el sentido del escribir y el ejercicio de lo creativo como actividad, no como función; sin embargo, dista de los límites del ensayo porque el terreno crítico e interrogativo es parte integral del proceso mismo de la creación, es decir, la re-creación del acto.

Si la novela es un borrador que podemos descartar o rehacer junto o separado del tic del autor, el tú de la novela que no se dirige a un personaje en particular ni al lector, corresponde al reflejo reiterativo que el narrador necesita para convocarse él también como receptor de su propio discurso. En otros términos, el derrumbamiento y la crítica continua del discurso requiere de un narrador que esté en el mismo lado donde el lector "escucha" o lee. Las morellianas y Morelli no están reemplazados por instancias puestas fuera del texto sino por una voz inmiscuida, dentro de él, como si el proceso de la escritura fuera el de la lectura, el de una conciencia crítica irreductible, óptica, antelativa. La novela como ensayo de creación sobre la novela, como larga nota reflexiva de temple poético, la novela como cuestionamiento de una creación autorial, como actividad del tachar y constante puesta en duda del propio proceso creativo:

> De todos modos, por ahora las dejarás como están, y tampoco tienes la certeza de que vayas a cambiarlas algún día para engañar al probable lector, porque estas páginas dieron origen *a estas dudas que son más importantes que tu texto,* porque lo que interesa es el camino con sus tropiezos y no la llegada, cómo se va haciendo dolorosamente *el libro y no la obra concluida* sin una sola tachadura. (p. 180)

El libro como interrupción e inseguridad, como desmantelamiento de toda coherencia o unidad, como movimiento que no repara la inconclusión de la obra sino que alienta la convocatoria del lector —ese analista de un "creador" dubitativo que corrige constantemente —su derecho a reconstruir y a participar. Novela: "más cercana de la escultura que de la pintura" (p. 78), en el sentido de posibilidad de modelación y de corporeidad, novela donde, " 'el héroe de la novela es la propia novela' (C. Lévi-Strauss)" (p. 81), novela como crucigrama de horizontalidad y verticalidad, se regalan las claves, pero se advierte sobre su ambigua y arbitraria multiplicidad, novela como desiderátum de ausencia de situaciones, personajes y anécdota, como experimentación quizás ya tardía, ya plagio, mera reunión de textos, la novela como fractura, como desmembración de técnicas y ordenaciones, como disyunciones que pulsan en el lector un placer de narrador y crítico, el encanto de haber encontrado las claves de la lectura y la escritura como un proceso único, de conjunto. Después de todo: "la novela debería ser otra cosa" (p. 121). Al margen de un ubicuo sistema estético o ideológico, pero confrontador de todos ellos, la novela está plagada de referencias culturales, filosóficas, sociológicas, antropológicas, literarias. Si se habla de obra abierta se menciona a Umberto Eco y si de experimentación en la novela, *Tristram Shandy* de Laurence Sterne. ¿Placer del texto? "Placer del texto. Lo clásico. Cultura (mientras más cultura, mayor, más diverso, será el placer). Inteligencia. Ironía. Delicadeza. Euforia. Maestría".[86] Abuso consciente más que aprovechamiento de la noción de intertextualidad, profusión de citas como entrega de todas las lecturas posibles en la confección del texto, porque la escritura es, primero, un acto de la lectura. La imaginación blanca: silencio. En verdad, la lectura de *Entre Marx y una mujer desnuda,* sospechamos, debería ser otra(s) cita(s) de la escritura que emprendemos al leerla.

Como expresión de lo postmoderno la novela de Adoum no establece solamente su territorio en la búsqueda de técnicas deconstructivas de un determinado tipo de narración— en esta dirección hay toda una tradición ya presente en las fases previas de la modernidad hispanoamericana —más allá del placer de usar, confundir, inventar o reinventar y jugar con todas ellas, plantea en la dinámica del hacerse de la novela un acercamiento crítico, metanovelesco, pero no distanciado de ello, lo que desde luego origina pausas y silencios que tocan a la existencia misma de la novela y la creación, nos traslada a la tensión inicial que señaláramos: modelo, posibilidades y límites de lo moderno y postmoderno junto a ironía y mordacidad de su extensión, tiempo de su propio fin.

Si, *Entre Marx y una mujer desnuda*, como forma irónica, desmembrada, abierta y profana, impone los rasgos de modelo de lo postmoderno —el uso acumulativo y el desafío llevado al exceso en relación a las fuentes de una escritura moderna entendida hoy como tradición— como metanovela sugiere otra provocación: la mordacidad de sí misma y del arte, una pregunta sobre los límites y la audacia de traspasarlos para encontrar esa "otra cosa" que la novela debería ser, o bien para augurar el término de nuestra propia modernidad en su ver-

---

[86] Roland Barthes, *The Pleasure of the Text.* Translated by Richard Miller (New York: Hill and Wang, 1975), p. 51.

tiente moderna o postmoderna. En el estrago de su auto-aniquilación e interrogación de sí misma la novela de Adoum plasma en términos artísticos el cuestionamiento de la modernidad como cierre epocal, término de una sensibilidad y disolución de una escritura como el viraje del cambio a una geografía por explorar. Siembra nuevamente la estela de una preocupación crítica que ya ha comenzado.

La nueva sensibilidad: inicios y modulación final

Un período no encierra sólo hechos, está cubierto de paradojas, tendencias diversas, cierres y aperturas. En verdad para poder hablar de período habría que concebir la redescripción y la reinterpretación como procesos constantes, aceptar sus brechas y proyecciones, confabular sus articulaciones al pasado y al futuro, operar en sus contradicciones internas. Caracterizar para siempre un período y agregarle enseguida una acumulación de fechas es un proceso si historicista: mecánico, y si positivista, antidialéctico; inoperante frente a la idea de una modernidad plural. La relectura, la dinámica de nuevas sensibilidades y percepciones frente al cambio y el descubrimiento, la posibilidad de actualizar cada vez la tradición como un fondo dispuesto siempre a su reinvención no toleran el estaticismo de aproximaciones que fijan la fluctuación de lo estético a objeto, a forma circunscrita. Ver en la dinámica artística sólo un proceso de acción y reacción constituye una simplificación que no advierte ni en la confluencia ni en la imbricación el asomo de una conexión, es el camino de la separación y el aislamiento, de la reducción a período en su forma fría, granítica. El establecimiento de relaciones entre romanticismo y surrealismo o lo barroco y lo moderno, por ejemplo, está vedado en esa perspectiva por la limitación impuesta al principio de período. Sin embargo, las asociaciones y contactos entre estos movimientos no resulta extraña si se descarta la concepción de una historia literaria positivista propuesta como la regulación y el código de un sistema, como la sucesión diacrónica de hechos.[87]

---

[87] David Lodge ha problematizado la paradoja de la expresión "período moderno". Véase, "Historicism and Literary History: Mapping the Modern Period, "*New Literary History,* 10 (Spring 1979), 547-555). Para la relación entre romanticismo y simbolismo, visto éste, en cierto sentido "como un desarrollo tardío del pensamiento romántico", véase el capítulo "Reflections on

El acercamiento que he venido haciendo a la idea de modernidad —sin que necesariamente, como lo hace Paul de Man, se oponga a lo histórico o si la establezco se trata de una oposición a una normatividad histórica— descarta su posibilidad de periodización y descripción última: "sería un objetivo imposible tratar de definir descriptivamente el evasivo diseño de nuestra propia modernidad literaria".[88] Concibe en ella la ope-

---

a Literary Revolution" del texto de Graham Hough, *Image and Experience: Studies in a Literary Revolution* (London: Gerald Duckworth, 1960), pp. 3-83. Allí se adelanta una explicación de su continuidad como de su divergencia: "Los simbolistas *comparten con los románticos* la confianza en la epifanía, el momento de la revelación: *pero difieren agudamente* acerca de su status en la experiencia y en el de su relación al arte". (p. 10). Respecto de las conexiones —o sus posibilidades— entre romanticismo y surrealismo, O. Paz ha señalado: "La crítica revela cierta miopía: Apollinaire y Mayakovsky fueron románticos y el surrealismo se declaró continuador del romanticismo". Véase, "Tradición y ruptura", en *Recopilación de textos sobre los vanguardismos en la América Latina*. Oscar Collazos, comp. (La Habana: Casa de las Américas, 1970), p. 82. Sobre la relación romanticismo/modernism, véase A. Alvarez, *Beyond All This Fiddle: Essays 1955-1967* (New York: Random House, 1968), especialmente el primer capítulo "Modernism". (pp. 3-66). Allí dice: "La intensa subjetividad de los románticos permanece en el centro del arte moderno". (p. 12). Las conexiones entre romanticismo y modernismo y romanticismo y *modernism* (vanguardia) aparecen también sugeridas en otros ensayistas; no constituye una novedad plantearlo hoy. No obstante, hay algunas observaciones que me parecen necesarias al respecto: a) No veo esta relación sólo como una simple extensión o como la realización en nuevos términos, o como la mera ejecución de previos desarrollos tal como lo señala el mismo Alvarez por ejemplo. b) Las sugerencias de estas relaciones no han fructificado en ensayos de extensión y enteramente dedicados a este análisis. c) En lo que concierne al desarrollo de la literatura hispanoamericana, este tipo de interrelaciones debe estudiarse con la atención de que nuestra historia literaria (especialmente la del siglo diecinueve) no es similar a la europea. Problemas inmediatos que surgen: ¿constituyó el romanticismo un auténtico movimiento literario en Hispanoamérica? ¿Existió un movimiento que vino a reemplazar lo que el romanticismo fue? d) El desarrollo del modernismo y de los movimientos de vanguardia generalmente no se ha imbricado al concepto que los abarca: el de modernidad, por lo que, frecuentemente, el sentido de la interrelación se distorsiona.

[88] De Man, p. 143. Lo que importa —recalca De Man— es señalar la manera cómo la modernidad llega a constituirse como problemática y el por qué de su relación con la literatura y la teorización acerca del hecho literario: "Nos acercamos al problema, sin embargo, preguntando cómo la modernidad puede en sí misma, llegar a ser una tema de discusión y por qué esta cuestión parece ser planteada con particular urgencia en relación a la literatura o, aún más específicamente, en relación a la especulación teórica sobre la literatura". (p. 143).

ración de una sensibilidad y una escritura que como forma de continuidad y discontinuidad, tradición y ruptura se desplaza en la asimetría abierta del cambio.

La necesidad de hablar de "una nueva sensibilidad" para el acontecer cultural de nuestro siglo aparece ya teóricamente descrita en 1925 en el texto de Ortega y Gasset *La deshumanización del arte,* donde se epitomizan algunos de los rasgos fundamentales de las novedosas orientaciones y tendencias del arte moderno. Ortega analiza el hecho de la deshumanización del arte en términos de una nueva sensibilidad originadora de un estilo cuya dirección está atraída por las formas antes que por el contenido. La persecución de un estilo que busca distanciarse del objeto o que por lo menos desrealiza o metaforiza su representación y que por lo tanto rechaza las representaciones estéticas naturalistas y realistas. Ortega revela tempranamente la orientación y los signos del arte de la modernidad: su vacío de patetismo y sentimentalismo, la función de la ironía y de lo lúdico con relación al arte mismo, su realización intrascendente y de acercamiento a lo coloquial, la pérdida por tanto de su condición sublime y la pesquisa de su terreno autónomo, la preocupación por el estilo, la forma, los materiales; el trazo de lo humano como indicio, contorno, abstracción, geometrismo antes que su presencia gruesa, concreta; arte de sugerencia y línea; arte de connotaciones imprecisas, oblicuas; arte de la improvisación como la "Improvisación" de un Kandinsky en 1914. La sensibilidad moderna se desarrolla como apertura —considerando el distingo de Wilhem Worringer— a estilos no naturalistas, al arte de la forma espacial donde toda perceptividad estética deviene aprehensión simultánea antes que secuencial. El tiempo, motivo obsesivo del arte moderno se representa espacializado en una visión de lo discontinuo reunida en la forma de yuxtaposición. La obsesión moderna por la plasmación del tiempo jamás es en su expresión artística, cronológica, lineal o continua; como respuesta a la visión de un mundo fragmentado, las líneas convergen en la búsqueda de un centro, un kibbutz, un mandala, el trazo de un círculo: el regreso al mito, la historia cíclica, la historia como repetición; la sorpresa de la elipsis: la historia de voluta y espiral, el espacio barroco, omisión y proliferación, ausencia y exceso.

Con espaciada regularidad la preocupación por los orígenes y efectos de esta nueva sensibilidad ha sido continuada después de la publicación del ensayo de Ortega y Gasset. En la segunda mitad de nuestro siglo Maples Arce reseña algunos elementos de valoración en torno a lo que él llama "los rasgos peculiares del espíritu de nuestra época".[89] Destacando elementos como los de celeridad, transformación, interacción, mezcla, pluralismo, movimiento, los elementos de abstracción y alucinantes de la forma artística como otorgamiento de plasticidad, la revolución arquitectónica y la nueva tendencia de la ciudad: el geometrismo, la forma elevada, la verticalidad; la inundación de medios tecnológicos, su aprovechamiento en el arte, su interrelación, la llegada del subconsciente a la creación y a la emergencia entera de la vida moderna, el acercamiento de la tecnología a la magia, concluye: "todas las manifestaciones estéticas se ajustan *a un nuevo ritmo,* a una nueva concepción, en suma, *a la nueva sensibilidad".*[90] Perturbado frente a ella asoma el rostro escindido del hombre moderno, su personalidad como fisura, su mirada al futuro como divergencia múltiple.

"La nueva sensibilidad es provocadoramente plural", señala Sontag,[91] "humor y seriedad" cruzan el campo de un arte transformacional que en su búsqueda por la forma y el desdén del contenido —iniciativa que se puede indagar desde el simbolismo francés hasta hoy— deviene cada vez menos literario, menos moral y exigente de una audiencia más especializada. Los nuevos parámetros estéticos optan por un tipo de arte modificado, combinatorio o participante de la nueva tecnología; en esta reunión lo artístico deja de ser la expresión de ideas para canalizar más bien como "aventura de sensaciones", en verdad, como conmocional agresividad la nueva sensibilidad implica un cambio radical en la función misma del arte: "El arte hoy es un nuevo tipo de instrumento, *un instrumento de modificación de la conciencia y organizador de nuevos modos de sensibilidad".*[92]

Rompiendo la barrera de un campo supuestamente específico, el arte se manifiesta esencialmente como interacción, se aleja del refugio de "lo artístico" en cuanto a utilización de elementos y formas convencionales, remonta norma y sistema para desplazarse como deslímite de sí mismo. La transformación no opera sólo como una búsqueda interna de la novedad,

---

[89] *Incitaciones y valoraciones* (México: Ediciones Cuadernos Americanos, 1956), p. 23.

[90] Manuel Maples Arce, p. 27.

[91] *Against Interpretation,* p. 304.

[92] Sontag, p. 296.

revela un cambio en la naturaleza del arte; búsqueda y participación de la tecnología y la ciencia, integración de dos o tres
o varias manifestaciones artísticas tradicionalmente de autónomo funcionamiento, aprovechamiento como material de expresión de lo ordinariamente desechable, provisión de ruidos
y silencio a la música, de anuncio publicitario al poema, de
producto industrial a la pintura, de técnicas cinematográficas
a la escritura, de detención fotográfica al cine. Arte como collage de arte y no arte, sólo que el no arte deja de ser tal en
esta fusión; no existe un material no artístico, al menos, en
cuanto a la posibilidad que la provocación de su uso genera
como potencial forma de arte. "Lo no artístico" es la voz pre-
térita de la convención como también lo es "lo artístico" porque el arte de la nueva sensibilidad como admisión de instancias paradojales y de libre combinatoria rechaza la intrusión
de la categoría y la limitación y la especificidad de lo artístico
como espacio único, especial, de no alteración, ofreciendo en
la percepción del cambio una antelación que prepara nuestra
sensibilidad y altera nuestra conciencia —incluso como
perturbación— a la recepción de constantes modificaciones.

Así como los procesos iniciales y desarrollos de continuidades y discontinuidades de esta "nueva sensibilidad" han venido constituyendo una fuente de perspectivas analíticas desde las formas más sistemáticas de la reflexión crítica hasta los
más dispersos pero enriquecedores tonos de una percepción,
el de su modulación final comienza a atraer tanto o más que
el de su surgimiento. Para Octavio Paz, la modernidad muestra ya signos de codificación: "la idea de modernidad empieza
a perder su vitalidad",[93] la pérdida de su actitud autocrítica
y el cese de su movilidad tonal como ruptura le parecen los
indicadores sustantivos del comienzo de su institucionalización,
de su fin por tanto como "convención aceptada y codificada".[94]
Ecos de término para la "sensibilidad moderna". Se escuchan
en distintas latitudes. Hilton Kramer ha señalado también la
pérdida de poder de impacto (shock) que afecta a la vanguardia artística de esta década, el curso diferente de este arte y
si se le compara con la vanguardia de la década del treinta, una
falta de extremismo o de radicalización en las actuales expresiones artísticas que debería examinarse en la consideración de

---

[93] *Corriente alterna,* p. 20.
[94] *Corriente alterna,* p. 21.

los elementos de una conciencia *postmoderna* que no rechaza la tradición artística de sus fases anteriores pero que postula una convivencia plural de estilos sin que ninguno de ellos se postule o yerga de modo hegemónico:

> Así como el primer trecho de la década del 80 va finalizando se hace cada vez más evidente que, en lo que concierne al escenario del arte contemporáneo, hemos entrado en una era significativamente diferente en cuanto a valores y perspectivas en relación a aquel largo y turbulento período en la que el radicalismo de la vanguardia era la fuerza dominante... La energía real e ímpetu parece haber cambiado a un curso muy diferente, y este cambio histórico ha inevitablemente alterado nuestras perspectiva respecto de lo que la vanguardia fue en su apogeo.[95]

La conclusiva afirmación: "Vivimos el fin de la idea de arte moderno",[96] recoge, en verdad, el tenor de una polémica a la cual la modernidad dispone de nuevo su particular carácter evasivo. Esquiva como concepto, reparte las grietas de su sensibilidad plural ante la fijeza de una determinación histórica cuya indeterminación —en cuanto a una fijación de límites relativos tanto a origen como a término— revelará de nuevo su característica de rechazo a lo perentorio, al cálculo de una definición ortodoxa. La polémica conduce de hecho al establecimiento de una conexión que merece un ensayo aparte: la dinámica de las relaciones entre Modernidad e Historia. Por el momento, estableceré su relación a lo histórico como forma

---

[95] Hilton Kramer, "Today's Avant-Garde Artists Have Lost the Power to Shock", *New York Times*, Sunday, November 16, 1980, Sec. 2, pp. 1, 27. En verdad, la idea de Kramer sobre pluralismo y variedad de estilos conviviendo en esta fase post-moderna, había sido ya desarrollada por Leonard Meyer, quien al respecto señala: "Debido a que *el pluralismo* es un rasgo saliente y característico, y probablemente lo continuará siendo por muchos años, tiene cierto interés examinar su desarrollo tanto en las ciencias como en las artes un poco más de cerca. Especialmente por esta razón: *la diversidad* fue fuertemente motivada por la ideología que floreciera entre los siglos 17 al 18". Y "Aunque nuevos métodos y direcciones pueden ser desarrollados en cualquiera o en todas las artes, éstas no desplazarán los estilos existentes. Lo nuevo serán simplemente adiciones al espectro de estilos ya existentes... la posibilidad de innovaciones radicales parece muy remota". L. Meyer, *Music, the Arts, and Ideas.* pp. 180 y 182.

[96] Octavio Paz, *El signo*, p. 41.

relacionante y mediada entre Necesidad y Azar, es decir, como asociación a lo histórico posible de indagarse en su aparecimiento inicial: el surgimiento de una sociedad tecno-industrial cuyo sistema económico se asienta en el capitalismo, y su apartamiento de lo factual como crecimiento en la medida que se desarrolla y deja de halagar la estructura económica que la ha originado. Contenciosa dualidad, y más, problemática fisura cuyo registro es la esencia de la pluralidad con que sus modos se manifiestan. Ni anti-histórica, ni esclava de la historia sino que arraigada a ella como apartamiento paulatino, como el movimiento que los fragmentos emprenden después de la explosión del Todo.

El tema del término de la modernidad como época y sensibilidad empieza, o debería empezar, en la conciencia del complejo trasfondo de relaciones que acabo de mencionar: la linealidad de una Razón histórica y la modulación distintiva de un movimiento diversificado de la modernidad, en la virtualidad de su conjunción y de su apartamiento. Las vinculaciones entre Historia, estasis y cambio han sido iniciadas por Leonard Meyer y constituyen —considerando el estado actual de la investigación al respecto— uno de los desarrollos más detallados sobre la idea de estasis o estancamiento (*stasis*) como elemento definidor de nuestra cultura.[97] Habríamos alcanzado una etapa de estasis en la cual ningún cambio radical o desestructurador puede ya esperarse. Sin embargo, esta estabilidad no reflejaría una detención o parálisis absoluta sino más bien la fluctuación del cambio dentro de un mismo código. Expandido el cambio al "límite" (posibilidades y opciones de lo histórico y estético en un marco epocal), la modernidad mostraría los signos de su máximo desarrollo tensivo donde la heterogeneidad y diversidad —más que la búsqueda de novedad (aún cuando no se descarta, pero no se expresaría con la fuerza de su origen o desarrollo posterior)— son el producto de la recirculación de variados estilos en el interior de un modelo o diseño (*pattern*) ya conocido. Estasis, por tanto, recalca Meyer no tiene implicancias aquí de una ausencia de cambio ni tampoco revela la decadencia última de la sociedad moderna sino una naturaleza del cambio desconocida, por describir:

---

[97] Véanse los capítulos 6, "History, Stasis, and Change" (pp. 89-103) y 8, "The Probability of Stasis" (pp. 134-169) de su ensayo, *Music, the Arts, and Ideas,* ed. cit.

90

...El cambio y la variedad no son incompatibles con la estasis. Porque estasis, tal como designo la significación de este término, no es una ausencia de novedad y cambio —una inmovilidad total— sino que más bien la ausencia de un cambio secuencial ordenado... Para mostrar que la estasis es posible y que no acarrea necesariamente decadencia y declinación, la naturaleza general del cambio estilístico debería ser explorado.[98]

La radicalidad del cambio y de la innovación, no su posibilidad como dinámica cultural, es la que tendería a desaparecer para dar lugar a una suerte de estasis fluctuante: "Un *estado estable* en el cual un número indefinido de estilos y lenguajes, técnicas y movimientos, coexistirán en cada una de las artes".[99] El ritmo de este tipo de estasis asume las características de una modalidad plural, diversificada, híbrida, heterogénea y de natural coexistencia. La siguiente cita del mismo ensayo sugiere una idea de la representación que Meyer hace de la estasis a modo de mirada futura al sentido y dirección de una fluctuación que ha alcanzado su fase final de exploración:

No habrá una práctica común central en las artes, tampoco una 'victoria' estilística. En música, por ejemplo, estilos tonales y no-tonales, técnicas aleatorias y serializadas, medios electrónicos e improvisados, continuarán, todos, siendo usados. De modo similar en las artes visuales, estilos y movimientos actuales —expresionismo abstracto y surrealismo, arte Op y representacional, escultura cinética y realismo mágico, arte Pop y arte no-objetivo— encontrarán, todos, defensores y adeptos.[100]

Examinada la idea de término de la modernidad en el referente de proyecciones al que conduce la descripción del concepto de *estasis* en Meyer, surgen formulaciones más desafiantes en torno a la extensión de esta fase (para algunos entendida como una segunda etapa de lo moderno, de allí la denominación de *postmoderno*) que la lapidaria declaración cronológica de fin. La conjunción híbrida de la totalidad dispersiva de

---

[98] Leonard Meyer, pp. 102-103.
[99] Leonard Meyer, p. 172.
[100] Leonard Meyer, p. 172.

modos conocida en el desarrollo de la escritura de la modernidad hispanoamericana, es por ejemplo, una posibilidad de la crítica literaria a explorar; también la transformación del texto iniciada en la vanguardia como disolución de una secuencia narrativa articulada y que en las inmediaciones actuales del desplazamiento de lo moderno fragmenta el signo hasta su destrucción y revierte las posibilidades expresivas de comunicación al silencio de la pausa o al momento previo a la articulación de la palabra: la sospecha de una escritura blanca. En este contexto, la situación de la modernidad como modulación final se revela quizás tan o más compleja que la determinación de su génesis, como reminiscencia de su condición plural sigue resistiéndose a la fijación, se escinde de nuevo heterogénea y diversa, y juega con su propia disolución (con) fundiendo espacios y modos. La modernidad como cierre epocal, término de una sensibilidad y disolución de una escritura, constituye un acercamiento que requiere de una elaboración detallada tanto del concepto de lo postmoderno[101] como de la exposición de un cruce dialéctico que ya adelantáramos: Historia y Modernidad.

---

[101] Lo "postmoderno", tal como lo desarrolla Ihab Hassan en su texto *Paracriticism*, ed. cit., pp. 49-58. Formas intensificadoras de lo moderno. En sus rasgos de continuidad y discontinuidad aparecen los elementos de ruptura y los de vital unión a la tradición de lo moderno.

CAPITULO III

ESCRITURA DE LA MODERNIDAD

Irrupciones de la modernidad

En la oposición de la mirada de Jano, la constante profética de Sibila y la naturaleza transformativa de Proteo se reconocen las metáforas artísticas de la modernidad. La dirección visual opuesta del primero convoca la instancia conjunta de mirada hacia el pasado (la tradición) y hacia el futuro (la ruptura, su renovación). También, Jano se identifica junto con la modernidad con todos los comienzos. La visión profética de Sibila, la conciencia de que sin la constante de una mirada puesta en el futuro, el presente se disuelve o se torna permanente y anodino. Finalmente, en el carácter transformacional de Proteo, la dinámica y la inestabilidad del cambio. La modernidad es suma y proliferación de búsquedas artísticas diversas. Sólo en el reconocimiento de la pluralidad con que los modos de esta escritura se despliegan podrá indagarse con asombro el complejo enigma de la modernidad.

Desde la creación de una novela intentada como desborde y placer de lo estético, donde el color toma el cuerpo de la palabra y la poesía el tono de la prosa, como construcción donde lo imaginario, la desrealización y el campo de lo puramente estético (lenguaje, ritmo, musicalidad, color, palabra, símbolo, signo poético) potencian la libertad del arte como la sorpresa frente al acoso de la hosca e incipiente ciudad industrial (Martí), hasta el ornamento de una acumulación barroca que como exceso es el encono y la violencia de una protesta en contra de otra acumulación: la que la economía de su sociedad trata de imponer (Sarduy),[1] la escritura de la modernidad hispanoamericana ofrece —a través de variados modos y vías— el enfrentamiento de su propia autonomía y el poder de negarse a la asimilación omnímoda con la que la seduce su modelo social, por consiguiente la exposición de las contradicciones resultantes de su oposición. Sensitiva y moderna rechaza la remisión a formas retrógradas y convierte, por tanto, el avance de la civilización moderna (industrialización y tecnología) en objetos de su atención y placer al tiempo que compulsiva y visionaria anticipa la virtualidad de su carácter alienatorio: la destructividad de una ilimitada confianza en la misma. Apocalíptica, se ornamenta a la sonrisa de una escritura recargada, "para demostrar la impermanencia y vacuidad de todo".[2] Vindicativa, restituye a la palabra el cero y se inclina deteriorada al advenimiento de un espacio microcósmico y macrocósmico frente al que la magnitud de las relaciones y de la expansión de ellas reduce nuestro decir a un asombro presentido ya desde el inicio de esta escritura: la "Certidumbre de lo Inimaginable" y la incertidumbre de su explicación, terror de que la textura de la escritura vuelva a significar sólo en la destrucción de su tejido o en la incorporación de ella a una espacialidad que no reconoce límites, en el viraje a una desprovisión de la geografía del signo.

Las búsquedas de la modernidad —vinculadas en su origen a una radical transformación social: el advenimiento del capitalismo, el inmenso crecimiento de una sociedad industrial y tecnológica, el impacto de una era mecánica y otra electrónica— conllevan el tenor y el temor del decurso histórico: celeridad y cambio. Tenor como tono, el cambio adquiere sentido y visibilidad en la aceleración de sí, en su vertiginosa movilidad. Temor, como terror a la permanencia, miedo a la detención, mirada irónica al pasado y al presente ya gastados.

---

[1] Creo que es posible ampliar aún más el carácter de prosa poética que Anderson Imbert le ha atribuido a la novela de Martí, *Amistad funesta*. Véase al respecto su artículo "Comienzos del modernismo en la novela", citado en el primer capítulo. Se podría desarrollar su análisis como uno de los primeros intentos de la prosa hispanoamericana donde la fuerza de la preocupación por lo estético —el color y lo poético, por ejemplo— genera una narrativa que desplaza la importancia del argumento. En cuanto al rechazo que la escritura de Sarduy plantea a la acumulación restrictiva de la economía capitalista y la afirmación de la abundancia textual como despilfarro, véase el texto *Barroco* (Buenos Aires: Sudamericana, 1974), pp. 99-100.

[2] Severo Sarduy, *Maitreya* (Barcelona: Seix Barral, 1978), p. 187.

Construcción e imagen de futuros que apenas tocados se desvanecen. Las experiencias de Jean Tinguely (en el terreno de la modernidad europea) con sus esculturas móviles y en acción auto-transformativa, junto con sus declaraciones, confirman el sentido de homenaje a la noción de inestabilidad y el horror a la detención, la negación de una posible instancia de inmovilidad:

> Todo se mueve continuamente. La inmovilidad no existe. No se someta a la influencia de conceptos pasados de moda. Olvide horas, segundos, y minutos. *Acepte la inestabilidad*. Viva en el Tiempo. Sea estático—con movimiento. Favorezca una estática del momento presente. Resista el ansioso deseo de fijar lo instantáneo, de matar lo que es vivo. Deje de insistir en 'valores' que están destinados a desbaratarse. Sea libre, viva. Deje de pintar el tiempo. Deje de evocar el movimiento y el gesto. Usted es movimiento y gesto.[3]

Búsquedas de lo moderno, inmersas y conectadas a esta particular forma del *cambio*, afectadas por la propia destrucción de lo transformativo, iniciadas en el esfuerzo de una mirada confusa, sorprendida, pero sobre todo multívoca. Sin precedentes, la llamada de una exploración ilimitada empieza aquí. Exploración binaria primero: alegría de la novedad, esperanza de la tecnología y del futuro frente al sentido de crisis; descubrimiento de un "centro roto", visión opaca de los efectos de la tecnología. Exploración múltiple luego: conjunción de espacios temporales, mezcla de los medios artísticos, incorporación de la tecnología, destrucción de medios, visión apocalíptica del futuro, presciencia de otras formas de comunicación y otros lenguajes, alteración del material artístico, sentidos sensibilizados a la comprensión de una realidad inaprehensible racionalmente, disposición de viaje no geográfico, altura espacial, visión de lo inmenso e inmediata atención a la riqueza

---

[3] Citado por Calvin Tomkins, *The Bride and the Bachelors: Five Masters of the Avant Garde* (New York: The Viking Press, 1968), p. 162. Los volantes en los que se había impreso esta suerte de manifiesto, dice Tomkins, fueron lanzados desde un pequeño avión en la ciudad de Dusseldorf antes de la inauguración de su espectáculo "Concierto para siete pinturas". Ninguno de ellos cayó en la ciudad. "Fiasco, pero magnífico ejemplo de la misma inestabilidad defendida por Tinguely", agrega Tomkins.

de lo microcósmico, la conducción por lo fragmentario como posibilidad de un modelo ya incomprensible, ajeno.

El sentido de crisis y ruptura —con el que frecuentemente se alude a la gestación de una sociedad que transforma por entero la totalidad de sus relaciones de producción y que inicia el desarrollo de modelos tecnológicos e industriales como constantes búsquedas de renovación (percepción de un futuro que se divisa y que nunca llega)— son comprensibles como factores de esta variación histórica y empresas de una nueva sociedad sólo en la dinámica y descripción de un tercer factor: cambio. Metáforas que recogen la presión de este elemento se encuentran en los modernistas: "Yo persigo una forma que no encuentra mi estilo... y no hallo sino la palabra que huye".[4] En los poetas de la vanguardia:

> De arena el horizonte.
> El destino de arena.
> De arena los caminos.
> El cansancio de arena.
> De arena las palabras.
> El silencio de arena.[5]

En los profetas de la tecnología eléctrica: "Debido a la contracción causada por la electricidad, el globo ya no es más que una aldea".[6] En los barrocos modernos:

> El origen de mis libros de poemas *Big-Bang* está en esta teoría: la página y sobre todo el poema son, para mí, como los cuerpos en el espacio. Parten de una explosión inicial, de la explosión de un átomo primitivo verbal que ya no existe y que se va expandiendo. De ahí, en este libro, la importancia de las figuras geométricas, de las explosiones, del hecho que *las palabras se van alejando unas de otras, conceptual y tipográficamente.*[7]

---

[4] Ruben Darío, *Poesía*. Ed. Ernesto Mejía Sánchez (Caracas: Biblioteca Ayacucho, 1977), p. 240.

[5] Oliverio Girondo, *Obras completas* (Buenos Aires: Losada, 1968), p. 277.

[6] Marshall McLuhan, *La comprensión de los medios como las extensiones del hombre*, p. 27.

[7] Jean Michel Fossey, "Severo Sarduy: máquina barroca revolucionaria", en *Severo Sarduy,* Jorge Aguilar Mora et al. (Madrid: Fundamentos, 1976), p. 21. He subrayado para dar énfasis a la noción de la palabra como elemento expansivo que Sarduy utiliza.

En los escultores de la destrucción:

> Todo se transforma, todo se modifica incesantemente, y tratar de detener esto, tratar de frenar la vida en pleno vuelo y recapturarla en la forma de una obra de arte, ya sea escultura o pintura, me parece una burla de la intensidad de la vida.[8]

Junto al desplazamiento de técnicas, a las transferencias ocurridas desde una tecnología mecánica a una tecnología eléctrica, a las contradicciones culturales surgidas de una economía acumulativa, a la aceleración de cambios sociales (que pone en crisis valores tradicionales) y nuevas modalidades de producción basadas en la valoración del tiempo como unidad de trabajo, a la división del trabajo y a la especialización, a un desarrollo sin precedentes de la experimentación científica, los artistas de la modernidad van escribiendo una metáfora de precipitación: la metáfora del cambio. Para los que la escriben en el texto, el *medio* les desazona, les parece paradojal; Darío se queda con una palabra que huye, Girondo con Verbo de arena en la mano apretada, una sensación de permanente inestabilidad, flujo y vacío, materia huidiza siempre, incontable, fragmentada. La metáfora de la arena en Girondo como la máxima perturbación de impermanencia que el cambio opera refiere además al futuro que jamás se atrapa, "de arena el horizonte", pero asimismo al silencio en el sentido de que el Cero no está aquí; como impotencia del decir es conducción también, una forma desconocida del cambio. En Sarduy, la palabra es ya fragmento, "cuerpo en el espacio", "signos en rotación", apartamiento de los significados; el centro de la significación escapando se ausenta ineluctable. Posibilidades de la palabra: la inmersión en el fragmento, escribir con una respuesta: la explosión de la escritura. Cortázar propone incendiar el lenguaje, reconstrucción desde el Cero: la imagen del diluvio como aniquilación y purificación es inútil en el texto, deslava la tinta que recubre la intersección de infinitas escrituras. Fuego y juego, otro cruce metafórico de erosión y erotismo, roce de los cuerpos y de los signos como desgaste de fricción y fruición. Para Tinguely no hay arte sin moción: "En reposo, sus obras no tienen interés. Sólo en movimiento, ellas cobran vida".[9]

---

[8] Tomkins, p. 150.
[9] Tomkins, p. 149.

La modernidad artística asume y desborda la violencia y vertiginosidad que el desplazamiento del cambio impone. Luces de una disimilitud en relación a la dinámica del cambio que afecta a su parámetro social, a la totalidad de su referente histórico. Bell ha subrayado con meridiana claridad las limitaciones del cambio de los estratos tecno-económico y político en relación a la libertad ilimitada que el arte moderno puede perseguir:

> Es verdad, por cierto, que la idea de cambio domina tanto la economía moderna como la tecnología moderna. Pero los cambios en la economía y la tecnología están restringidos por el costo de su financiamiento y los recursos disponibles. En el ámbito de lo político, también, la innovación está limitada por las estructuras institucionales existentes, por el poder de veto de los grupos que contienden, y en cierta medida por la tradición. Pero los cambios en las formas y símbolos expresivos, aunque resultan difíciles de ser asimilados profundamente con facilidad por la mayoría, no encuentra resistencia en el campo de la cultura.[10]

Este hecho no sólo consigna la eventual disyunción entre Modernidad e Historia, sino que también origina una discrepancia que pone de manifiesto las contradicciones de una sociedad asentada en la impermanencia del cambio, pero aún atada a los principios restrictivos de una economía acumulativa y de un orden político que propone regular el cambio. En el medio de esta tensión, el hombre moderno experiencia una forma de alienación, sus sentidos han sido exacerbados, le atrae y le provocan todo dinamismo, la velocidad, el placer de una imaginación libre, derrochadora y sin embargo, le ordenan la felicidad de esta fiesta, le entregan una organización, un modelo, una limitada disponibilidad de recursos.

El arte moderno llega de la manera como Dionisos entra a la ciudad, la ve también como él. Una ciudad que empieza a llenarse de luces, de "Batalla de luces", de geometría vertical, de elevación, de movilidad, de circuitos, de "Polos azules, de siluetas lanzadas al espacio explorando una altura de dominio e interrogación, un deseo mítico de Torre, de ascenso desafiante y contrito. Esta es la forma, la estética, la disposición

---

[10] Daniel Bell, *The Cultural Contradictions of Capitalism*, p. 34.

arquitectónica, el fervor de la sensibilidad moderna, y sin embargo, en el centro de la ciudad, el modelo de una organización socio-económica represiva, la preservación del ego apolíneo, el cuerpo como máquina productiva y reproductiva, como provisión y ahorro de un futuro desde hace tiempo deseado pero que nunca se configurará. Energía como conservación y cuerpo como energía de trabajo, de producción acumulativa. La modernidad artística, extremadamente sensibilizada advierte esta fisura, no acepta la imposición de este orden fundamentado como necesidad histórica, como la iniciativa de alcanzar un futuro abstracto. Adhiriendo a la protesta dionisíaca, confronta las bases de esta organización represiva que escinde la experiencia del hombre moderno entre eros y trabajo, placer y realidad. Inicia una búsqueda libre, también imposible, destructiva y enigmática. Cuando se compara este aspecto del arte moderno —el de su relación con la sociedad o reacción de un público determinado— con el del arte clásico, generalmente se apunta a la armónica relación de este último en contraste con la, a veces, acerba recepción de lo moderno:

> La sinceridad de las formas artísticas en el pasado lejano no fue nunca desafiada; el arte fue apoyado y estimulado por una élite cultural, y su cualidad, honestidad, y significado no fue puesto en duda. Sólo en el período moderno, época de cultura de masas, se ha cuestionado el hecho de que lo artistas puedan ser un fraude, que engañan al público con enigmas ininteligibles.[11]

En verdad, lo agraz de esta mirada, su cuestionamiento como posibles formas de no-arte, o incomprensibles enigmas como engaño y fraude han sido algunas de las maneras utilizadas por un orden social que ha querido apagar la radical subversión de estas formas artísticas dirigidas precisamente en contra de ese sistema. Otros modos de acallar se han buscado en la institucionalización, es decir, en la absorción del que el sistema es capaz, el arte como mercancía y objeto de consumo. Aunque es difícil, y quizá inútil, establecer el resultado de este enfrentamiento —la aparente conclusión que sugiere Bell puede verse como predicción: "Veo el *Modernism* [es decir, la

---

[11] Sam Hunter, John Jacobus, *Modern Art: From Post Impressionism to the Present. Painting, Sculpture, Architecture* (New York: Harry N. Abrams, Inc., Publishers, 1976), p. 8.

vanguardia, el centro de la Modernidad] como el agente de disolución de la visión de mundo burgués".[12]—sí se puede trazar la incontrolable irrupción de las plurales búsquedas de la modernidad como desconfianza y rechazo de un orden autoritario y represivo. Desde la construcción de una novela estética en Martí como placer de la escritura hasta la de una barroca en Sarduy como placer del derroche, la modernidad literaria hispanoamericana expone su protesta. Desde una acusación incipiente (en el modernismo) en contra del lenguaje y consecuentes renovaciones experimentales (en la vanguardia) hasta una desconfianza total en contra de la palabra y la expresión del signo (en la neovanguardia), la modernidad artística expone su ira: un encono que acaba a veces en el silencio. Desenvolviéndose destructiva de principios que justifican la reconciliación entre Historia y Razón, en contra de la idea de un orden racional, progresivo, ajena a sistemas, creencias, o ideologías que ofrecen el cielo: ya la utopía social, ya la tecnología, irónica de halagos irrealizables que exponen la recompensa consagratoria de un prolongado sacrificio histórico en la distancia de un futuro mítico, inalcanzable, la modernidad inscribe su extensión *En el camino* donde el futuro no es salvación y el andar riesgo, ofrece el diseño del texto como cuerpo y éste como una topografía del deslímite, como eros de una textura donde los signos comienzan a transformarse. En la comprensión de la radical agresión que la modernidad artística ejecuta en contra de una racionalidad histórica, una percepción más se presiente como inicio: las metáforas de una metamorfosis, el signo de lo transformacional.

Escritura y modos.

> La modernidad comienza con la búsqueda de una literatura imposible.
>
> Roland Barthes

La idea de escritura descrita por Barthes es la de un concepto que remonta la horizontalidad y límites de la *lengua* y la verticalidad y densidad del *estilo*: "Además, para el escritor, la lengua no es sino un horizonte humano que instala a lo lejos cierta *familiaridad*... El estilo, por el contrario, no tiene sino

---

[12] Bell, p. XXI.

una dimensión vertical".[13] Ya Sontag ha señalado que lo que el pensador francés ofrece en este campo de relaciones es la discusión de un tercer elemento como completitud o como soporte de una perspectiva dialéctica, el inicio de una conceptualización triádica: estilo, lengua y escritura.[14] Muy lejos de constituir una aproximación formal, la idea de escritura se traba dialécticamente a lo histórico, lo social, lo individual (el artista), la tradición y lo específicamente artístico en el círculo cobra, escrutador, al que tiende el movimiento de la propia obra. Teniendo en cuenta la compleja red de relaciones posibles de iniciar con la incorporación de este parámetro como perspectiva de profundidad, Barthes indicará que en la elección del *modo de escritura* que el artista enfrenta hay una razón de conciencia y no de estilo, recurso o "eficacia" y que esta razón de conciencia está estrechamente ligada a la "Alienación" y al "Sueño" que la Historia representa, a su "Necesidad" y a su "Libertad".

Una historia de la escritura (conectada a las estructuras más profundas de lo histórico) es posible entonces describir. Este trazado desaloja la posibilidad de un acercamiento al hecho literario —al menos en lo que respecta a una comprensión global y dialéctica— a través del estilo y la lengua porque la horizontalidad y verticalidad de éstas no pueden retomar la síntesis de lo histórico y lo individual, no pueden concebir el hecho de la escritura como una *función:*

> ...es pues posible trazar una historia del lenguaje literario que no es ni la historia de la lengua, ni la de los estilos, sino que solamente *la historia de los Signos de la Literatura,* y se puede dar por descontado que esta historia formal manifiesta de una manera que no es del todo clara, su enlace con la Historia profunda.[15]

Las relaciones entre lo histórico y el trazado de una historia de la escritura son más complejas que el determinismo mecánico de la abusiva pareja terminológica "obra-sociedad". Esto es explícito en Barthes cuando señala, por ejemplo, que el hecho mismo de la revolución francesa no cambiará el modo bur-

---

[13] Barthes, *Le Degré Zéro de l'écriture,* pp. 18 y 21.
[14] Roland Barthes, *Writing Degree Zero and Elements of Semiology.* Preface by Susan Sontag (Boston: Beacon Press, 1970).
[15] Barthes, *Le Degré Zéro,* p. 8.

gués de la escritura, puesto que su referente ideológico había quedado intacto, o cuando sugiere que un fenómeno como el de la desintegración en el arte moderno (tema al que se han dedicado ya varios ensayos), "ha sido un hecho de conciencia, no un hecho de revolución".[16] De otra parte, en las oposiciones escritura clásica/escritura moderna, escritura naturalista/no naturalista, resalta un hecho que radicaliza más aún la complejidad de la relación anteriormente indicada, esto es: el carácter multívoco y plural de la escritura moderna. Frente al tono unívoco de la expresión clásica, Barthes resalta la multiplicidad de los modos de la escritura moderna como un hecho peculiar de la modernidad.[17] Sólo en la comprensión de esta pluralidad es posible leer, "el impase de su propia historia",[18] como también el cuestionamiento que la literatura hace de sí misma, los caminos de desintegración, grado cero y silencio.

Es decir, que una historia de la escritura, y particularmente de la moderna, no puede concebirse de un modo lineal, su polifacetismo no puede ser consignado a la reducción sucesiva, cronológica de movimientos generacionales ni a una cadena de acciones y reacciones. La sinuosidad y multiplicidad de la expresión moderna no podrían sino ver en la violencia de un acercamiento lineal o positivista un acto de agresión y de corpórea inflexibilidad a su esencial naturaleza proteica. No obstante, el reconocimiento de una expresión plural no descarta ni niega el peso de la "Tradición" y de la "Historia", en el entendido de que la aceptación del rasgo multívoco de esta escritura no la sitúa en un espacio vacío e intemporal, tiene un origen histórico determinado (relacionado a profundas transformaciones sociales e ideológicas) y un proceso o desarrollo —no reflejo— que la vincula también a la especificidad de una Historia. De otra parte, tampoco surge como escritura "nueva" o "limpia", su utilización la conecta a una *tradición* de espacios previos, por ejemplo la conexión espacial y de conjunción que es posible describir entre la escritura barroca y la moderna. Entrecruzamientos significativos de enlaces a Historia y Tradición, no lineales, no unívocos, no reflejos, más bien cruces

---

[16] Barthes, *Le Degré Zéro*, p. 103.
[17] "La multiplicación de las escrituras es un hecho moderno que obliga al escritor a una elección, hace de la forma una conducta y provoca una ética de la escritura". *Le Degré Zéro*, p. 121.
[18] Barthes, *Le Degré Zéro*, p. 88.

en los cuales la conciencia e individualidad creativa constituyen la búsqueda siempre peculiar al arte: el terreno de una libertad porosa a influencia y a innovación, el sitio interpuesto o de resultado entre tradición y ruptura.

Escritura de la modernidad

Desescritura: se desescribe la escritura de la convención, la escritura única, lineal, anecdótica. Surge la desescritura como negación de la escritura unívoca, avances de una escritura polisémica, multifacética, poliédrica, multitonal, aleatoria; escritura mixta, electiva, no codificada, integradora de la desintegración, escritura fragmentaria, crítica de la propia escritura, escritura que se hace al deshacer a otra escritura, flujos y reflujos. Escritura pluritemática.

Transgresiones y provocaciones: escritura jazz, improvisada, modificación de lo ordinario y habitual; escritura azar, escritura subversiva, transgresión del canon, transgresión de las transgresiones, pasar con luz roja. Una norma: desobedecer lo codificado. Escritura receptiva, abierta a toda novedad, escritura perceptiva, asistemática, tergiversativa, accesiva a todos los máximos. Provocación de la sorpresa, provocación de irreductibilidad. Escritura como canal de la obsesión, de la intranquilidad, escritura de doble canal en la salida y en la recepción, pero no doble binaria, doble total, sonido integrado, circuito integrado, escritura estéreo. Escritura de margen y total, afanes desarticulativos, descoyuntadores, descasillativos y totalizadores. Escrituras de todas las técnicas: mosaico, collage, ensamblaje, y de las mezclas de todas las técnicas. Escritura desmembrada, intertextual.

Concentraciones y dispersiones: reunión de todos los textos en uno, conglomeración. Explosión estelar y re-ordenación tipográfica. Movimientos centrífugos y centrípetos. Entropía y dinámica de la creación. Fragmento y universo. Fragmento de todos los libros en el Libro. Revolución, revocultura, re-volver, volver, volver para traer e insertar en un futuro indistinguible. En esa forma intangible, no dispuesta del porvenir.

Hurras: a la polisaturación de vocablos, al severo adiós al "oscurantismo de los diccionarios", al crear que aún falta nombrar, al crear... crear antes que... hurras al vocablo nuevo, enriquecedor, no-arbitrario, hurras a la frase inteligente, poética, poliformática, hurras a la percepción, a la comunión descodificada de los objetos que el lenguaje nombra, hurras a la memoria de la escritura que "retiene sin detener", que concentra sin dejar de fluir.

Puertas de invención e invasión: a todo abiertas. Reconvenciones y desconvenciones cortazarianas "el tubo dentífrico se aprieta de cualquier lado menos desde abajo". Grabados de la muralla parisina, "prohibido prohibir", la imaginación busca trastrocar la escritura. Prohibida la convención.

Escrituras: escritura jitanjafórica, sugerente, sónica, combinatoria. Escritura de canta y tuércele el cuello al cisne, reinventativa, recuperativa de lo agotado. Escritura desacralizada, paródica, lúdica, estridente, irracional, ultraísta, surrealista, cinerámica, cinemascópica, prismática. Escritura no monocorde. Escritura de retruécano, mosaica, fracturada, ambigua, escritura donde el sueño es farsa, simulacro, técnica para "alterar lenguaje y realidad", escritura pone fin a tiempo, personaje, autor, espacio, conflicto, a distingo entre "objetivo y subjetivo". Mixtura de realidad y ficción. Escritura circular, simultánea, escritura red, desestructuración de estructuras. Vuelta al "mito, al arquetipo, a la música inicial, al ritmo del origen, al cábala", "el sistema eléctrico lo más cercano a lo no lineal". Escritura composicional, escritura de baraja y de lector-baraja, desautoría. Escritura que pone en cuestión "la naturaleza misma del libro".

Alteraciones: alteración de lo tipográfico, variedad, búsqueda de formatos, mixtura de prosa y verso, búsqueda del anti-libro, búsqueda de formas "verbisensuales" de comunicación.

La relación escritura-historia converge en una dialéctica en la cual la fuerza de esta última supone continuos cambios y metamorfosis a nivel de los variados y específicos modos que se generan desde la modernidad y en la que la visión, conciencia de modificación y capacidad radar de la primera, anticipan el sentido y las consecuencias que la estela de toda transformación histórica impone. Considerando las postulaciones teóricas de Barthes, creo que es posible describir una escritura de la modernidad; en lugar del estudio o comprensión de una historia literaria diseccionada transversalmente en períodos y generaciones —herencia positivista, consideración orgánica de lo literario, es decir, creencia en que el éxito del afán clasificatorio de las ciencias dará un resultado similar en lo artístico— puede empezarse por el desentrañamiento de los modos que la escritura ha asumido. En el caso de la escritura moderna, disponemos de una presencia plural de modos (lo modernista, lo surrealista, lo futurista, lo cubista, lo creacionista, lo estridentista, lo postmoderno, etc.) prodigalidad que revela el estigma de una estética que se encuentra ya en los orígenes de esta escritura, es decir en los mismos modernistas hispanoamericanos, por ejemplo, la idea de derroche que se encuentra en el contexto barroco de la narrativa de Sarduy, se inicia como exploración de una búsqueda distinta en la originaria "celebración modernista": "La poética de Herrera y Reissig *es el arte del derroche*, está signada por la exuberancia, por la profusión, por la opulencia".[19] Al tiempo que la profusión de estos modos acusa la riqueza de una pluralidad iniciada —en el caso de la escritura hispanoamericana— en el modernismo, la convergencia de todas ella expone los rasgos comunes de una misma naturaleza: la escritura de la modernidad, es decir, la presencia de un tono unitivo o de continuidad como factor de centro, pero de un centro inestable cuyo posible sentido de coherencia es a lo más el fino rasguido de una percepción. En lugar de estructura, tono; en lugar de articulación, gesto; el trazado descriptivo de la escritura de la modernidad es posible sólo en el entendido de que "la modernidad comienza junto con la búsqueda de una literatura imposible",[20] en la conciencia de esta imposibilidad se origina también nuestra descripción.

Usando la metáfora de *búsqueda* a la modulación de esta escritura le inquieta: la ausencia de control del texto junto con la productividad participatoria del lector, el recargamiento de la palabra hasta la construcción de un cosmos que empieza a desintegrarse, el alejamiento de estos signos en un espacio ininteligible, el juego de la palabra como el placer primero del Génesis, como ludismo esencial a la comunicación, como vistas a la anulación y asombros de un asomo apocalíptico: silencio. Voces de una escritura blanca, cero, neutra, de-constructiva e interrogativa de sí misma, necesidad incorporativa y de incorporación de otros medios, desacato a la coherencia, deleite y terror del vacío de su propia destrucción. Al abrazo de un encuentro que es siempre la novedad y el cambio, la indescifrable búsqueda de una literatura imposible nos regala la sorpre-

---

[19] Yurkievich, *Celebración del modernismo,* p. 96.
[20] Barthes, *Le Degré Zéro,* p. 58.

sa de la desconvención, el concurso de un espacio ausente de toda geografía, la llegada ornamental de lo barroco como esencial disfrute y rebeldía de una libertad, terreno de la mejor provocación del arte: la mirada oculta de su lado inaccesible, enigmático, el desafío del poder de una imaginación que a orillas de un sueño de memorias lejanas, reinventa y desteje el desborde de todo límite.

Forma espacial: aprehensión y percepción simultáneas, no secuencial; forma espacial, no temporal ni discursiva, yuxtaposición en lugar de discurso serial, el lenguaje ausente, la dislocación de lo temporal impone destrucción de lectura consecutiva y afirmación de una lectura comprehensiva, total.

Lecturas de la escritura de la modernidad: lectura de la interrogación, sin respuestas, lectura colectiva, no autorial, lectura confluente y referente a otros textos, lectura crítica de la lectura, lectura esperpéntica, multidimensional, distorsiva, deslineal. Celebración de una paradoja: "la era de la escritura ha terminado". Convocación de una ironía: los subrayados son nuestros y los pensamientos ajenos, lecturas como extensiones de otras lecturas, en la confluencia de todas ellas se descubre la inexistencia de la originalidad. Lo nuevo no es lo original, lo nuevo es ignorancia de una lectura previa. Lo original remite a origen, primero, primordial, el "Uno y el Universo", a la Escritura, al Libro escindido en los fragmentos de sucesivas lecturas.

Proyecciones e intertextualidad: el universo y la historia son el resultado de la explosión fragmentaria del Texto como escrituras. La idea borgiana de que el universo es una biblioteca viene de la primera novela moderna occidental. Cervantes elaboró artísticamente la proveniencia de don Quijote del texto y de todas las posibles lecturas que tiene. La lectura de la escritura moderna puede asumir la forma de la lectura del Texto como historia o como proyecto personal aun cuando ese proyecto esté concebido como locura. Al mismo tiempo que lecturas y escrituras regresan y convocan al milenio apocalíptico, el silencio de las palabras registra ausencias de origen y ecos de fin.

El espejo retrovisor: el espacio, el blanco, el cuerpo, la escritura y el silencio. Alfa y Omega.

Otorgamientos y despojos: de la ausencia a la p-ala-bra —conjuro y magia— y de la palabra y su inscripción al cuerpo y su silencio.

Silencios: una tendencia de la desescritura, también una búsqueda de la escritura misma, su re-encuentro.

> La actividad poética nace de la desesperación ante la impotencia de la palabra y culmina en el reconocimiento de la omnipotencia del silencio.[21]

En Mallarmé los signos del inicio, en Joyce la experiencia de la multiplicidad significativa como potencialidad y disolución. En América desde los modernistas a la actual literatura la preocupación por el medio se expande hasta la obsesión.

La palabra es belleza, infinitas sus provocaciones, libres sus significaciones y posibilidades de asociación. La palabra irradia un centro y un sentido que no necesitan ligarse necesariamente a otras formas o sistemas; es cuerpo, materia poliédrica, es misterio como "todas las lenguas son rastros de antiguos misterios", el poeta de la modernidad comienza a reconocer que hay algo más que la comunicación del mensaje, está el medio mismo con la idéntica atracción que la pintura ofrece al pintor. La palabra se vuelve sonido, invoca musicalidad, es piedra para la escultura, adquiere color.

"Exuberancia es belleza" y exuberante es la polivalencia de la palabra; el misterio es recorrido como las extensiones de un laberinto.

"Exuberancia es belleza" y belleza es muerte, el lenguaje es un sistema que se puede descomponer: frases, palabras, sílabas, letras, rasgos tipográficos, espacios en blanco, vacío, nada.

El espacio de la desintegración se origina en esta escritura a través de un proceso paradojal: en la medida en que la sustancia léxica y sintáctica se pulveriza, las partículas, los espacios y los silencios pluralizan su significatividad. Significación de la ausencia, vacuidad del significado y plenitud del significante. Los intervalos son notas, el silencio precede y postcede a la palabra, la significación plena ocurre en los intervalos.

Belleza es muerte y muerte reintegración; el silencio es vacío, ausencia y al mismo tiempo el llamado del sonido, un tempo, un elemento más de la composición, una provocación y una recuperación de los sentidos primarios de la palabra.

---

[21] Octavio Paz, *Corriente alterna.* 6.ª ed. (México: Siglo Veintiuno, 1972), p. 74.

Combinación libre, azar, incoherencia, indeterminación concurren como formas y variables de una elección que juega con la descomposición y composición de los elementos de una escritura que ya no predica continuidad. Azar e incoherencia pueden actuar como un modo de consagrar las expresiones del inconsciente, una libertad a la fluidez de la no coherencia y la libre asociación. Combinación libre e indeterminación, una manera de posibilitar la participación doble del autor y del lector en una doble ejecución: la del artista como un improvisador de su creación y un instantáneo receptor de esa improvisación y la del lector como receptor y ejecutor de las modificaciones sugeridas en la actuación de la obra.

La creación como centro de participación que involucra en completa instantaneidad artista, medio y receptor, destruye y perturba el esquema que el iniciado en los estudios literarios recibe en la pizarra sobre la noción de las tres entidades (autor-obra-lector) y sus fuentes o variaciones (emisor-mensaje-receptor), etc., descritas como círculos o centros que se interrelacionan pero que operan como los resultados de una suma. Es la misma noción de autor como la de una agente creador la que tiende a desaparecer para ceder terreno a un fenómeno de participación pluridimensional que envuelve en la misma actuación ambiente, medios, mensajes, iniciadores y actuantes. La creación es una conjunción cuyas formas del hacerse quedan abiertas y libres, cuyo centro no es ya el autor. Espacio de la desintegración, la escritura moderna indaga en la fragmentación, desajusta los centros de emisión y recepción, rechaza la linealidad, aniquila y funda las significaciones en la desmembración del significado, explosiona los significantes al deslímite, toda unidad estalla en fragmentos de unidades hasta que la exacerbación y la totalidad de la magnificación de todos esos sentidos revierte al silencio, convergencia de una ciega búsqueda: la de su propio origen.

La civilización occidental fundó la persistencia de las formas culturales en el nombre que las palabras diera a las cosas y a los hechos, en el *verbo* se hizo reposar la confianza de la comunicación, del crear y del descubrir, de la seguridad con que toda palabra designaba a la cosa y la significaba, de la certeza de una comunicación estable y relacionante. Los artistas del siglo pasado comienzan a revelar una inquietud: la inseguridad de la linealidad con que la palabra evoca lo que se desea nombrar o lo ya nombrado. Inestabilidad que llega a la esencia particular de lo poético, el medio mismo, el lenguaje es una forma de crisis, se cuestiona su tranquila disponibilidad y su inalterada faz, su lógica comunicatividad, su coherente significación. El poeta desciende desde las formas secuenciales de comunicación a la palabra, dibuja sus contornos, esculpe su rostro, pinta sus formas, escucha sus sonidos, escribe sus significaciones, verifica sus intervalos, observa su tonalidad, detecta su silencio y provisto, compone. La composición se desestructura dispersativa, fragmentaria, incierta, descompone sonidos en silencios y otorga a éstos de significación, procesa ruidos, sílabas, letras, los integra a la palabra y ésta se desintegra a su vez en nuevas y dispares connotaciones. Ambigüedad y diversificación de sentidos y significados es diseño, nota indicadora de su mejor instancia: su proyección poliédrica. Excediendo, impregnada de significados, operada al máximo, llevada al límite, la palabra expone su primera expresión: el silencio como antecedente originario del verbo:

¿Se retira la palabra?[22]

Enamorado del silencio el poeta no
tiene más remedio que hablar.[23]

Así, el lenguaje del silencio reúne
tanto la necesidad de auto-destrucción
como la de auto-trascendencia.[24]

Búsqueda de una tensión polar donde el silencio se pueda oír: "autotranscendencia y autoaniquilamiento", límites opuestos, de plena libertad y de única conjunción. Indefectible contracción, la palabra se retira; pero el poeta enamorado del... habla. ¿Cómo son los sonidos de "una lira sin cuerdas"?

Modernidad: desde los orígenes del modernismo hispanoamericano a las actuales expresiones neovanguardistas he trazado los rasgos de una escritura concebida como una escritura de la modernidad, algo más que visión, algo más que representación y punto de vista, algo más que estilo y formas; el espacio de una actitud y de una sensibilidad desbordando el sistema, proyectadas a una amplitud sensorial que reconoce en

---

[22] George Steiner, "The Retreat from the World", *The Kenyon Review* 23 (Winter 1961), 187-216.

[23] Paz, *Corriente alterna,* p. 74.

[24] Ihab Hassan, *The Dismemberment of Orpheus,* p. 12.

el *cambio* el deshábito de lo permanente y la deshabituación de lo normativo. Una noción de permanencia: el cambio, la escritura se provee de un centro de asimilación que recoge toda hipérbole, toda modificación para luego expandirlas hasta el fragmento y la aniquilación. Continuidades: procesos constantes de metamorfosis. Discontinuidades: las provocaciones del ritmo de la aceleración destruyendo la posibilidad de sistema. Satisfacción en la novedad, complacencia en el virtuosismo, voracidad obsesiva de lo cosmopolita e internacional, intriga por la metrópoli; la gran ciudad: la nueva residencia. Desmesuras y pasiones: lo oculto, lo exótico, lo oriental, lo manierista, lo mecánico y lo electrónico. Diseños: proyecciones y construcciones futuras de lo urbano, figuración cubista, formas espaciales, reordenaciones tipográficas, nuevas sugerencias de lecturas, readecuaciones del texto como medio. Antelaciones: el proceso de comunicación y sus alteraciones, la comunicación ausente de la palabra, la palabra y la resistencia, las búsquedas verbisensuales, pictóricas y musicales, la palabra como vestigio, la necesidad de la pausa y el silencio. La disolución del medio lineal, la mixtura de los medios, el espacio intertextual, la fragmentación del Texto y la visión del encuentro del Texto. La visión de la ciudad moderna indefinida a través del cambio, la velocidad, la forma vertical, la elevación, la luminosidad, lo multitudinario, el contraste, la destrucción, el vértigo, el color y la aceleración. La visión del hombre moderno traspasado de sensaciones, ávido de toda cultura, escindido como factor de producción, especializado como desiderátum de eficiencia y destruido como posibilidad de vínculo, el arte ofreciéndosele como respiro, como libertad, como comunicación.

Relatividad del presente, inestabilidad del futuro, el artista y la escritura de la modernidad de-construyen el acto de la creación, abrazan la melodía del vacío, silencian su propia voz y detectan sus ecos, escuchan a todo deleite la gran música, la armonía y presienten a sueños de vigilia y a jirones de profecía los letales sonidos de destrucción y las musicales formas de iluminación de todo apocalipsis.

CAPITULO IV

NOVELA DE LA MODERNIDAD

Lo que perdura en la obra [es] lo que escapa
muchas veces a la red de la palabra misma.
    Herrera y Reissig, "El círculo de la muerte"
    Negativa, plural, la novela moderna...
    Phillipe Sollers

Disyunciones: Modernidad artística e Historia

Ilusorio llamó Lezama Lima al intento de diseminar la comprensión del arte y la cultura hispanoamericanas en generaciones. Un concierto, más bien, nos recuerda Carpentier al reescribir una cosmogonía barroca proyectada desde esa imagen extraña, mixta en que la olorosa pitijaya americana unge la mano de la mitología griega y los centauros se confunden con las jutías. Fábula libresca y maravilla americana. Asombro que se prolonga desde *Espejo de paciencia* a *Concierto barroco,* verdadero espacio voltaico de la expresión americana como quería Lezama Lima.[1] Herederos de una tradición grecolatina y anclados a raíz indígena, la heterogénea reunión que captó la atención de José A. Silva: el ídolo quichua y la estatuita griega de mármol blanca. Espacio sincrético desenvolviéndose en una expansión de cruces, de reencuentros, de asimilación y búsquedas, de viaje al centro de lo americano, a la creación

---

[1] Las afirmaciones de Lezama se encuentran en "Interrogando a Lezama Lima", *Recopilación de textos sobre José Lezama Lima.* Selección y notas de Pedro Simón (La Habana: Casa de las Américas, 1970), p. 39.

brutal, exuberante de la selva y placer del regreso al centro de la ciudad moderna. Señales contradictorias del peculiar modo creativo de la modernidad hispanoamericana.

El complejo desarrollo de la novela hispanoamericana moderna resiste la inscripción de una cronología. Su constante es más bien la arbitrariedad de una imprecisión, una geología narrativa plural, deseosa de convertir la novela en poema y la palabra en juego; telúrica pero no geográfica, espacial pero no inesencial; revitalizada en la captación sincrética de sus procesos culturales, sensitiva a la búsqueda de un encuentro de vertiente mítica, originaria y utópica. Describir su desarrollo requiere primero del trazado metafórico de una escritura como modalidad dinámica de cruces y distanciamiento, anacronismo y novedad; asimismo, la conceptualización de una escritura como eje y los caracteres de su extensión modal. Recurrir al concepto de modernidad para describir la naturaleza del desarrollo de la novela hispanoamericana implica tanto la comprensión totalizadora de un despliegue cuyo denominador común se llama escritura como la visión parcial y prístina de sus rasgos diferenciales, es decir, los distintos modos de su extensión. En la dialéctica convergente de modos y escritura se sitúa el proceso de modernidad de la novela hispanoamericana. La admisión del desenvolvimiento multifacético que entraña la naturaleza explosiva de la escritura moderna hispanoamericana y la consecuente prodigalidad de sus modos nos advierte sobre otra necesidad y un segunda concesión: el conjunto de relaciones a las que el establecimiento de su origen nos remonta y conecta, la conducción al centro de un desplazamiento que expone el encuentro de lo *aleatorio,* polaridad dialéctica como establece Lefebvre, entre necesidad y contingencia.[2] De hecho, se advertirá, una descripción de esta naturaleza se acerca al inestable centro de la Historia y a las relaciones que la modernidad como tono de escritura con respecto a ella asume. Reconocimientos de pluralidad e inevitabilidad del origen suponen

---

[2] Lefebvre esboza así el concepto de lo aleatorio: "Lo aleatorio no es lo indeterminado, la contingencia absoluta, el acontecimiento que surge sin relación con el pasado: lo absurdo, lo irracional. Entendemos por *aleatorio* la unidad dialéctica de la necesidad y del azar, el azar que expresa una necesidad contenida en un conjunto de azares. Por mucho tiempo la metafísica se ha enredado en la separación y la contradicción de lo necesario y lo contingente". Henri Lefebvre, *Introduction à la modernité: preludes* (Paris: Editions du Seuil, 1953), p. 86.

el encuentro de lo histórico, el amarre a un espacio de hechos y de sus relaciones e implicancias, como también la búsqueda de un centro siempre y cuando ésta se entienda como otra realización imposible, como actitud metodológica o como la destrucción final que la actuación de la modernidad retribuye.

Desde una perspectiva contemporánea, Barthes ha señalado la conjunción de hechos históricos que en la segunda mitad del siglo pasado fueran fundamentales al aparecimiento de una nueva escritura:

> Los años situados alrededor de 1850 acarrean la conjunción de tres grandes hechos históricos nuevos: el trastorno de la demografía europea; la sustitución de la industria metalúrgica por la industria textil, es decir el nacimiento del capitalismo moderno; la división (consumada por las jornadas de junio del 48) de la sociedad francesa en tres clases enemigas, es decir, la ruina definitiva de las ilusiones del liberalismo.[3]

Al espacializar el surgimiento de toda escritura y la consecuente dispersión de sus modos a una Historia, Barthes da vigor al hilo subterráneo de su argumento: una historia de la escritura no puede ser trazada en la pura atemporalidad de las marcas y menciones de estilo y formas literarias: "Es bajo la presión de la Historia y de la Tradición, que se establecen las escrituras posibles de un escritor determinado".[4] Inscripciones: el origen de una escritura se vincula a una temporalidad, a una historia y a una tradición; sin embargo, las relaciones que —desde este argumento— se desprenden entre cultura y sociedad, arte e historia, remontan la mecánica refleja de un determinismo; si a la esencia de la modernidad corresponde una dimensión plural, a la historia de la escritura la significa su dualidad, dialéctica de un movimiento entre memoria y recuerdo, retención de una tradición y las nuevas exigencias surgidas en la actualidad del proceso histórico.[5] Constatación: todo nue-

---

[3] Roland Barthes, *Le Degré Zéro de l'écriture* (Paris: Editions du Seuil, 1953), p. 86.

[4] Barthes, p. 27.

[5] Aclara Barthes la relación dialéctica entre tradición y ruptura, el cambio, la búsqueda de lo nuevo y la inclusión de lo pasado: "Hay una Historia de la Escritura; sin embargo esta Historia es doble: en el momento mismo en que la Historia general propone —o impone— una nueva problemática del lenguaje literario, la escritura aún conserva el recuerdo de sus usos anteriores,

vo proceso artístico-cultural, o la desestructuración de éste no ocurren en el vacío de una intemporalidad, provienen de profundas transformaciones históricas; no obstante el juego y el movimiento posterior establecido entre ellos expresa una dinámica de complejas interacciones cuyo resultado final es la ausencia de toda predicción o el azar de su realización.

El establecimiento de una asociación entre los orígenes de la modernidad y las transformaciones socio-económicas ocurridas en el siglo pasado junto con el surgimiento de un nuevo modelo político, económico y social es un hecho que ya había sido destacado en los escritos de Marx como indica Lefebvre:

> El término "moderno" aparece a menudo en los escritos de Marx, para designar el surgimiento de la burguesía, el crecimiento económico, el establecimiento del capitalismo, sus manifestaciones políticas, y por último y sobre todo, la crítica de este conjunto de hechos históricos.[6]

Esta asociatividad supone una aproximación a la idea de modernidad como concepto socio-cultural desde el cual se puede iniciar su comprensión en relación a orígenes y "necesidad". Las modificaciones de este estrato infraestructural conmocionaron, sin duda, de modo violento la totalidad del acontecer cultural al punto que la respuesta de éste fue la de una percepción modal estética inspirada en las bases mismas de la nueva disposición social: lo transformacional. Desde aquí, y en *el cambio,* ambos procesos, el de la sociedad moderna —cuyo fundamento económico es el capitalismo— y la modernidad cuyo soporte cultural no es precisamente el halago de esa estructura económica ni la realización vertical de ella, inician el desliz de una interacción cuya complejidad no puede ser ya contestada a través de la constatación con que se ha establecido su origen, es decir, que la determinante de toda relación superestructural (lo cultural y afín a él) será la base infraestructural de aquél, el parámetro de su modo de producción. La validez de la relación señalada por Marx (multicopiada en varios ensayos sobre

---

porque el lenguaje no es jamás inocente: las palabras tienen una segunda memoria que se prolonga misteriosamente en medio de sus nuevas significaciones. La escritura es precisamente este compromiso entre libertad y recuerdo". Barthes, pp. 27-28.

[6] Lefebvre, p. 170.

el tema del arte moderno y su deslinde histórico) adquiere pleno sentido como un planteamiento que indaga en los orígenes, necesidad o azar de todo gran movimiento artístico y cultural, sobre todo si la conexión se ha hecho sobre la base de una razón dialéctica y no determinista; sin embargo, el crecimiento y desarrollos que la modernidad ha operado como hecho transformacional, han alcanzado giros y variables frente a los cuales la solidez de la asociación anotada comienza a empañarse, para devenir finalmente espuria. Augurios y sonidos, quizás, de que la modernidad originada como concepto sociocultural ha descrito una trayectoria en la que ya es una paradoja referirse a ella como concepto, en la que a nuestra discontinua visión, le atrae más su rastro de figuración o el desconcierto de su modo fragmentario a la territorialidad de poder cazarla en un afán de coherencia.

Cierto, el origen histórico de la modernidad europea e hispanoamericana se vincula al conjunto de hechos y procesos de reestructuración socio-económica señalados por pensadores como Marx, Lefevre y Barthes y que comienza a prefigurar en las últimas décadas del siglo diecinueve el advenimiento de un modelo social que en el plano económico erige en la determinación de la cantidad de tiempo la medición y cálculo de todo valor de cambio y en la acumulación de capital su mejor poder de sobrevivencia y restauración; en el plano político el afianzamiento del Estado como corporación que evita la regulación en el desarrollo empresarial e iniciativas del sector privado y que intenta sobre la base de una modalidad o acción política, asegurar la distancia Estado-ciudadanía y proveer los resortes orgánicos de una participación medida, canalizada: la noción de *orden* se asienta en el soporte de este equilibrio. Regulación y premisas de libertad; éstas son un derecho humano cuyo límite es el nivel resistible que la Corporación puede tolerar. Puesto que la herida al sistema genera represión, el sistema corporativo del capitalismo provee una reacción más sutil aún: institucionalización; el acto de ofensa y rebelión son absorbidos al sistema mismo de producción, todo acto de marginalidad es devorado por otro de totalización.

Inquietud: ¿cómo la modernidad —entendida como expresión artística-cultural— se desarrolla y enfrenta al modelo socio-económico descrito? La respuesta a esta preocupación perturba la representación de una teoría social clásica, exige su transgresión; la síntesis que de ella nos da Bell, sugiere una idea de su inadecuación frente a la disolución que la modernidad opera:

> La teoría social clásica (uso la expresión "clásica" aquí para denotar a los maestros del siglo diecinueve y comienzos de siglo veinte) también vio la cultura, fijada a la estructura social. Marx, como he dicho, argumentó que el modo de producción modelaba todas las otras dimensiones de una sociedad. La cultura como una ideología reflejaba una subestructura y no podía disponer de su propia autonomía. Además, en la sociedad burguesa la cultura fue ligada a la economía porque la cultura, también, había llegado a ser una mercancía que se evaluaba en el mercado, se compraba y se vendía a través del proceso de intercambio.[7]

En el campo del análisis social, ha sido Daniel Bell quien con más insistencia y razón ha hecho ver la complejidad de la interacción cultura y planos infraestructurales de lo social al exponer el principio de comunidad y el de discrepancia y apartamiento entre los desarrollos del capitalismo y la modernidad:

> En un comienzo, el impulso económico capitalista y la acción cultural de la modernidad compartían una fuente común, las ideas de libertad y liberación, cuya personificación era "el de un vigoroso individualismo" en los asuntos económicos y el de "un desenfrenado personalismo" en la cultura. Aunque las dos teorías tenían un origen común en el repudio de la tradición y de la autoridad del pasado, una relación de *adversidad entre ellas se desarrollaría rápidamente.*[8]

En verdad, para Bell, la modernidad se ha expresado, "temáticamente como ira y rechazo al orden y en particular al orden burgués".[9] Así expuesta la relación cultura-sociedad, deja ya de ser clara la clásica representación de que las formas artísticas y culturales están supeditadas esencialmente a la disposición y cambio de la particular estructura socio-económica que la ha generado. Así como la idea de una cultura hegemó-

---

[7] Daniel Bell, *The Cultural Contradictions of Capitalism,* p. 36.
[8] Bell, p. XXIII.
[9] Bell, p. XXI.

nica como expresión de clase, grupo o entidad social —que tiende a imponer de modo totalizador su modelo— pierde su seguridad conjetural, la autonomía que los desarrollos de la modernidad han incorporado en nuestro ambiente cultural agravian la certeza de tal comprensión.

Examinada la interacción modernidad-historia a través de esta nueva proyección de confluencias y direcciones observadas por Bell y que remontan la idea de una relación unilateral entre los procesos socio-económicos y los culturales-artísticos, sobresale un elemento vigorizador de esta dinámica modeladora y desintegradora a la vez: el cambio; una noción vital de lo transformacional a nivel social y estético, un modo destructor del sostenimiento de estáticas ideologías y principios morales de una parte y transformador de otra de los medios artísticos de expresión. En un desplazamiento total que derriba la gradualidad de su propio origen (la transformación socioeconómica de la segunda mitad del siglo diecinueve, el surgimiento del capitalismo) se instala en el centro de la sociedad moderna como eje de referencia de toda actividad sociocultural. Aun reconociendo el particular ritmo que cada uno de estos planos —la estructura tecno-económica, la organización política-constitucional y lo cultural— adquieren, de acuerdo con el mismo análisis de Bell,[10] la idea de cambio será central a cada uno de ellos: como factor de eficiencia y funcionalidad en el caso de la estructura tecno-económica, de dinamismo administrativo y adaptabilidad respecto a la organización político-constitucional y de antelación o capacidad radar en lo cultural en relación a las implicancias, consecuencias y alteraciones provocadas por las exigencias del cambio.

La modernidad artística no sólo asume plenamente la violencia que la modalidad de lo transformacional va imponiendo sino que también transgrede su propia dinámica. La búsqueda de su modificación reviste el rasgo de lo imposible o el deslímite de una imaginación que explora el hecho artístico en el acto doble de creación y destrucción. Si la barrera de

---

[10] Explica Bell la disyunción de estos tres planos: "Divido a la sociedad, analíticamente, en la estructura tecno-económica, la organización política-constitucional y lo cultural. Estos planos no son congruentes entre sí y tienen diferentes ritmos de cambio, siguen distintas normas que legitiman tipos de conducta diferentes y aun contrastantes. Es la discordancia de estos planos la responsable de las diversas contradicciones en la sociedad". Bell, p. 10.

un arte anterior había sido el artista, éste ahora se desdoblará hasta una multiplicación que finalmente cede la creación al acto multívoco de la lectura; si la traba de la imaginación era la conversión final de un asunto múltiple, el arte ahora es belarte, es decir, pluralización de significantes, proceso y no convergencia de significados; si el estorbo era la linealidad de la expresión, la modernidad contraataca con narraciones circulares, cóncavas, saltos de rayuela, modelos para armar, disociaciones que el lector puede recomponer; si la palabra era densa escultura, el artista de la modernidad puede ahora fragmentarla y buscar en el silencio y el blanco de un espacio un puente de significaciones que lo lleve al origen mismo del Verbo. Sin temor, la narrativa moderna gira hacia la libertad asociativa del verso moderno, la prosa salta, se vuelve elíptica, juega. La palabra se convoca como medio dúctil, modo declarado por Darío: "Y el arte de la ordenación de las palabras no deberá estar sujeto a la imposición de yugos, puesto que acaba de nacer la verdad que dice: el arte no es un conjunto de reglas, sino una armonía de caprichos".[11]

Sin resistencia, los recursos de la imaginación moderna aumentan en rápida sucesión; comienza en el caso del modernismo hispanoamericano con una incesante preocupación por la palabra. La gruta de "El rubí" de Darío se llena de claridad de carbunclos, lapislázuli, arabescos, topacios, amatistas, ópalos, no la piedra preciosa falsa de la química, sino el cuerpo del texto como "orgía de brillo y color". La palabra se tridimensionaliza en actitudes pictóricas, musicales y de escultura; más que signo de comunicación deviene en sí misma forma de arte, materia prima y elaboración final del artista. En la vanguardia la preocupación de la palabra llevada a la narrativa supondrá el cuestionamiento de un eje novelesco lineal. "Libre sin límite sea el arte", dice Macedonio Fernández para anunciar el "género de lo nunca habido", *Una novela que comienza* a desintegrarse en la ironía de su pre-construcción, "Esta novela que fue y será futurista hasta que se escriba", o en el acaecer de prólogos como el texto de la novela.[12] Así, la novela es

---

[11] La afirmación de Darío se encuentra en *El canto errante*, véase Ricardo Gullón, *El modernismo visto por los modernistas* (Barcelona: Guadarrama, 1980), pp. 68-69.

[12] Nos referimos a su *Museo de la novela de la eterna*. Las citas provienen del texto de Fernández, *Una novela que comienza* (Santiago de Chile: Ediciones Ercilla, 1941), pp. 75, 69, 71. La ironía de una novela que se escribe

o una traslación poética que atenta contra el raciocinio de su explicación (Vicente Huidobro, Pablo Palacio, Oliverio Girondo) o una proposición teórica internalizada en la misma novela que busca o delinea una propia poética de novelar, un salto que Macedonio Fernández establece entre la última novela mala y la primera novela buena: su museo narrativo eterno, como proposición de-constructiva. La novela neovanguardista hispanoamericana podrá irrumpir, a veces sin explicaciones, en un campo imaginativo puramente metafórico, alegórico o desprovisto de referencias traslativas. El consumo de una creación participativa y desligada de provisiones connotativas. El veloz desplazamiento de la imaginación moderna no constreñida a las limitaciones conocidas en otras áreas del desarrollo social moderno, comienza a operar un fenómeno de disyunción en la relación modernidad artística e historia. Este apartamiento —desigual ritmo de celeridad y limitaciones impuestas por el decurso de lo histórico— revelará poco a poco una discrepancia que eventualmente traslucirá las típicas contradicciones culturales de una sociedad moderna. El fenómeno de alienación por ejemplo del artista moderno: su arte de libre fluencia, derrochador, exacerbado en el dinamismo del cambio y no obstante su instalación social y cultural oblitera y aminora su funcionamiento en la impermanencia del cambio, se resiente en la acumulación de una economía restrictiva y en un orden político que modela el cambio como la regulación periódica de un sistema. Al desenfreno de una imaginación provocativa, ilimitada, se oponen modelos, organización, recurso de una Historia concebida como sistema. Otra derivación de esta disyunción es el cuestionamiento mismo de las manifestaciones del arte moderno como formas libres desposeídas de "un carácter artístico", o como los "enigmas de un fraude". El artista moderno visto como taumaturgo innecesario en una sociedad en que la imaginación moderna es útil en la medida que sus exploraciones no dejen de ser susceptibles de una proyección o programación pragmáticas. De otra parte, la disyunción de una y otra categoría incide también en la apropiación de una crítica incom-

---

de-constructivamente como término de toda novela está también planteada en *Museo de la novela de la eterna* y propuesta como protonovela porque "la mía hará última a la que la preceda pues no se insistirá más en ellas". Macedonio Fernández, *Museo de la novela de la eterna* (Buenos Aires: Centro Editor de América Latina, 1967), p. 23.

prensiva sobre el arte moderno. Los modernistas advertían sobre ese "ojo abierto [que] no ve nada":

> La luz está en borrador. La sombra es inteligente... Lo que se cree tocar no existe. Algo nos mira que no sospechamos. Es una alucinación que nos embriaga. Y no obstante la verdad palpita, corre, se pliega, se desdibuja, hace un gesto, hincha de confesiones las entrañas de lo Inconocido: inmenso fantasma que está en todas partes y que no se ve.[13]

"Todo lo silencioso quiere hacerse oír", pero no se oye. Todo hace un *gesto, palpita,* pero no se ve. Obras modernas hispanoamericanas cuya difusión y lectura han sido postergadas o cuya visualización sigue pautas de un discurso analítico impropio que no llega a la alucinación y llaga la embriaguez de la sospecha. La participación exegética de esta narrativa requiere del vuelco de una imaginación artística que potencie el desarrollo de otra, no ya las claves didácticas de una crítica escolar, sino la inmersión del extravío. Una proposición de lectura que no busque las cuatro revelaciones que luego se convertirán en signo sino la fascinación de aquélla que explora esas revelaciones más allá de su aspecto denotativo o connotativo: quizás, la evocación de crear de nuevo. Sin embargo, nada sorpresivo hay en esta radicalización final de la modernidad; ya desde el modernismo, radares sus poetas, avisaban: "Las ideas son ecos de otras ideas. *Todo se entrelaza... Se sube, se sube, se extravía, se palidece en el laberinto loco* y por fin allá en el fondo de una inmensa abertura... el Enigma que duerme".[14]

Disyunción histórica: derroche moderno de la imaginación y austeridad moderna social y económica. El arte entra en la ciudad con Dionisos, desajusta el fundamento de una economía acumulativa como necesidad histórica, propone el embeleso de un éxtasis, la euforia de un placer que empieza en la libertad del espacio Azul modernista y concluye en el recorrido sensual de la palabra diseminándose a fragmentos. Azul: exordio del despojo de gravidez, modernidad acústica y espacial. Extensión pictórica de una metamorfosis, el rostro desaparece de la tela, surge el cuerpo como energía sin informa-

---

[13] Julio Herrera y Reissig, *Poesías completas y páginas en prosa* (Madrid: Aguilar, 1961), p. 709.

[14] Herrera y Reissig, pp. 710-711.

ción y la escritura como cuerpo no reproductivo. Producción es fusión de placer y realidad, el progreso se dibuja en círculos como adelantara Bosch, o la escritura se hace y deshace Cobra como anuncia Sarduy. La modernidad artística desenvuelve agresiva la fuerza de una imaginación que de-construye la irresistible reconciliación de historia y razón.

La novela hispanoamericana moderna

Si en relación al curso que ha seguido la novela hispanoamericana se sostiene la idea de un *continuo moderno* cuyo desarrollo no es la homogeneidad que se espera del desenlace de una escuela o período sino la múltiple presencia de modos que han diversificado y enriquecido el acaecer de toda una escritura, difícilmente podrá entonces mantenerse la estrictez de una separación que escinde la naturaleza dinámica de una sensibilidad a fijeza. Y sin embargo, corriente se ha hecho la traducción de una historia de la novela hispanoamericana a hiatos. La proliferación de divisiones como las siguientes: novela modernista, postmodernista, indigenista, realista, neoindigenista, criollista, telúrica, novela de la selva, novela del "boom", novela irrealista, nueva narrativa, etc., nos hace ver como puede instalar en la falsa pista de la comodidad metodológica a quien comienza a indagar en el sentido y proyección de la narrativa hispanoamericana. La ruptura que Donald L. Shaw admite en el curso de la novela hispanoamericana como dos procesos divergentes puede acarrear también una perspectiva de aparente verdad en relación al desarrollo de esta narrativa, sobre todo si en la re-lectura se examina con cuidado la presión e importancia de la novela modernista anterior al año 1926. Señala Shaw:

> De aquí surge la divergencia, cada vez más evidente, entre dos líneas de desarrollo de la narrativa hispanoamericana. Una de éstas es la novela de observación... Hasta, y aún después del año clave de 1926, es la novela de observación la que va a predominar en Hispanoamérica. La otra línea de desarrollo es la de la novela conscientemente artística... Después de 1926 esta segunda línea de desarrollo desembocará en la narrativa de fantasía creadora y de la angustia existencial. [15]

---

[15] *Nueva narrativa hispanoamericana* (Madrid: Cátedra, 1981), pp. 11-12. El año de publicación de *Sobremesa* que siempre se menciona es 1928. Tam-

Novelas como *Amistad funesta* (1885) de José Martí, *Sin rumbo* (1885) de Eugenio Cambaceres, *El bachiller* (1895) de Amado Nervo, *De sobremesa* (1887-1896) de José Asunción Silva, *El extraño* (1897) de Carlos Reyles, *Idolos rotos* (1901) y *Sangre patricia* (1902) de Manuel Díaz Rodríguez, *La gloria de don Ramiro* (1908) de Enrique Larreta, *El hombre de oro* (1915) de Rufino Blanco Fombona, *Los de abajo* (1916) de Mariano Azuela, *La reina de Rapa-Nui* (1914) y *Alsino* (1920) de Pedro Prado, *La vorágine* (1924) de José Eustasio Rivera, la narrativa de Rafael Arévalo Martínez y de Roberto J. Payró —sólo por mencionar lo más conocido de la producción hispanoamericana anterior a 1926— no son precisamente novelas de observación ni carentes de fantasía creadora o de una dimensión existencial. El malentendido se deriva en parte de la noción de los términos "ruptura" y tradición". Si se entiende ruptura como división, emergen estos divergentes modos de desarrollo de la narrativa hispanoamericana, si en cambio, ruptura se considera una forma que el cambio asume en relación a la tradición que este cambio supone y a la novedad que crea, podrá decirse que la ruptura es un fenómeno dialéctico del cambio originado en la internalidad misma de la modernidad. Al concebir la ruptura como hiato se delinean y sobresalen períodos, escuelas, tendencias; al concebirla, en cambio, como el modo operacional de lo transformacional, surge el proceso entero de la modernidad en una vertiente conjunta de continuidades y discontinuidades. La continuidad es el tono, la articulación de una escritura y de una sensibilidad haciéndose, recreándose, la tradición moderna misma en suma. La discontinuidad es un rasgo vertical de movilidad, sin ello, la modernidad constituiría un bloque, la inscripción de una fijeza. Los modos de esta discontinuidad aseguran la necesaria doble conexión de toda interrupción, ésta arranca de modelos que en el transcurso de varios procesos transformacionales modifican la horizontalidad de la escritura. La tradición de la ruptura implica la doble negación de la tradición y la ruptura mismas, dice Octavio Paz. El movimiento de oposiciones se resuelve en la dialéctica de una modernidad plural; la disimilitud de sus expresiones es el signo que confiere sentido de totalidad y densifica el acontecer de la escritura moderna hispanoamericana.

---

bién hay una edición del año 1925 en Bogotá. Compuesta entre 1887 y 1896 (re-escrita) se debe considerar una novela modernista;

La necesidad de regresar al modernismo, origen de la modernidad hispanoamericana, es la necesidad de *vuelta* que sitúa el encuentro y extensión de nuestra modernidad. Modernismo como origen y modernidad como despliegue. Hecho y actuación. El modernismo fue visto por los mismos modernistas como el inicio de una sensibilidad:

> Modernismo en literatura y arte no significa ninguna determinada escuela de arte o literatura. Se trata de *un movimiento espiritual muy hondo* a que involuntariamente obedecieron y obedecen artistas y *escritores de escuelas desemejantes*. De orígenes diversos, los creadores del modernismo lo fueron con sólo dejarse llevar, ya en una de sus obras, ya en todas ellas, por ese movimiento espiritual profundo.[16]

Si empezamos por describir el arco de la narrativa moderna hispanoamericana desde sus primeras manifestaciones y la manera en que sus modos se pluralizan hasta llegar a la novela actual, habría que explicar cómo *Amistad funesta* organiza esa mezcla sincrética de elementos románticos y modernos y ampliar el carácter de prosa poética que Anderson Imbert le atribuyera para sorprender la fundación de una novela de construcción elaboradamente estética y estilística. Ver en ella uno de los primeros intentos de la prosa hispanoamericana donde la irrupción de modalidades estéticas como la figuración de una prosa poética y la abundancia del color generan una narrativa que desplaza a un plano secundario la secuencia de lo argumental. El simbolismo de esta novela, la persistencia en el uso de ciertas imágenes poéticas, el recargamiento en el uso del color tienden naturalmente a la confección de una prosa que desdramatiza la historia y se reacomoda poéticamente. En la mención constante de ángulos de lo bello, la proliferación floral, el deseo de trasladar los personajes al marco de una pintura, los usos de una narración breve, fragmentada, la desrealización de ciertos planos físicos —por la carga simbólica y la perspectiva incierta de una narración referencial o de naturaleza pictórica— la conciencia de una realización estética (per-

---

[16] La cita se encuentra en el artículo de Manuel Díaz Rodríguez "Paréntesis modernista o ligero ensayo sobre el modernismo". Véase Ricardo Gullón, *El modernismo visto por los modernistas,* (Barcelona: Guadarrama, 1980), p. 110.

sonajes artistas o sensibles al arte como indica Anderson Imbert), la prosa martiana anuncia toda una preocupación que atraviesa la prosa moderna hispanoamericana: la situación de un lenguaje poético en la novela que transforma su organización típica como sucesión de hechos.[17] En el mismo año en que se publica la novela de Martí, aparece *Sin rumbo* de Cambaceres que en un principio fue considerada una novela de rasgos naturalistas teniendo en cuenta solamente el marco de algunas escenas cuya elaboración respondía al uso de elementos grotescos. Análisis posteriores han revelado la fina presencia de recursos narrativos modernos en lo estilístico y en la visión de mundo, por ejemplo, la configuración de un héroe problemático, el transcurso introspectivo de su conciencia y el carácter de un personaje agonista en el sentido existencial del término, con todos los rasgos de una personalidad hostil, violenta, cínica, incontrolable que finalmente llega a la destrucción de sí misma. La prosa es una depuración técnica, simetría en que la densidad de la imagen cierra la novela con la sensación de que su mundo configurado es la transfiguración de una pintura. Hay también usos poéticos como el de la correspondencia o plenamente modernos como el cinemático; desplazamientos de unidades cíclicas, transformación, en suma, moderna de los ambientes que se entrecruzan en la novela: ciudad y campo; mientras la ciudad conlleva todos los elementos de una farsa teatral, el campo adquiere el entorno de una pintura.[18] De otra parte, el análisis de los planos ideológicos en esta

---

[17] De los análisis sobre *Amistad funesta,* pueden consultarse: Enrique Anderson Imbert, "Comienzos del modernismo en la novela", *Nueva Revista de Filología Hispánica,* VII, 1953, pp. 515-525. También el artículo de José Promis, "Martí escribe una novela", *Revista Iberoamericana,* números 112-113 (julio-diciembre 1980), pp. 413-425. Este último artículo —al mantenerse en una línea de análisis generacional situa erróneamente la novela de Martí dentro de una producción naturalista: "Su composición... descansa sobre una estructura profunda de indudables características naturalistas". (p. 425). Mucho más rica e interesante es la percepción de Promis que esta obra de Martí es "una novela que no puede ser adscrita fácilmente a una sola tendencia literaria, sino que, más bien, *se presenta como un texto de sensibilidad abierta,* capaz de recoger en su interior todos los códigos literarios vigentes en el momento de su redacción". (p. 425).

[18] Dentro de los análisis revalorativos sobre la novela de Cambaceres se encuentra el de George D. Schade, "El arte narrativo en *Sin rumbo"* *Revista Iberoamericana,* números 102-103 (enero-junio, 1978), pp. 17-29. En su análisis Schade destaca la enorme tensión, imaginación e innovación de los planos

novela de Cambaceres también revela la correspondencia de una novela inscrita en la modernidad hispanoamericana.[19] La extensión de toda la narrativa que habría que re-estudiar a la luz de este concepto sobrepasa los límites de esta situación referencial sobre la modernidad hispanoamericana, pero es suficiente para detectar que ya desde 1885 y probablemente antes se establece el desplazamiento de una narrativa moderna.

Una re-lectura de las expresiones narrativas de la modernidad hispanoamericana deberá dar cuenta de la manera como se van perfilando una sucesión de elementos nuevos y de especiales recursos que son los que dan el tono de modernidad a la totalidad de esta escritura. La concepción de la novela como una lectura, es decir, como la conciencia interna de que todo acto de narración potencia otro de lectura, por tanto de corrección y ambigüedad en *De sobremesa,* unido al carácter subjetivo de un diario que un artista comenta y ordena; el afán persecutorio de un misterio o enigma obsesivo que se resuelve en lo bello en *El bachiller;* la conjunción de historia y el espejismo de aventura, mito y sueño en *La gloria de don Ramiro;* la proposición de la novela como sensación, la extravagancia técnica de lo poético, la novela, un zafiro a pulir, la palabra el origen de un verso, el gusto exótico y el sentido de lo decadente en *El extraño*; el uso de la caricatura en *El hombre de oro* de Blanco Fombona; la construcción de un espacio no cotidia-

___

narrativos de esta novela, opacados por una crítica anterior que la circunscribía a un óptica puramente naturalista. Su estudio va más allá de esa "superficie naturalista" con que se había caracterizado la novela. Suya es la idea del plano teatral, farsesco de la ciudad en *Sin rumbo.* Otro artículo de David Ross Gerling "El parentesco literario entre la novela *Sin rumbo* de Cambaceres y una novela contemporánea de Amorim", *Revista Interamericana de Bibliografía,* número 3, 1980, pp. 224-238, relaciona *Sin rumbo a El Paisano Aguilar* del escritor uruguayo Enrique Amorim, publicada en 1934. La relación supone el carácter naturalista de la novela de Cambaceres y el neonaturalista de la obra de Amorim. Los puntos de confluencia encontrados en ambas novelas resultan en una perspectiva interesante, pero la premisa de un naturalismo hispanoamericano en la narrativa del diecinueve y de su extensión o influencia en la novela de la década del treinta tiene escaso fundamento, a no ser que su uso o incorporación se analice dentro del sincretismo de modos de esta narrativa.

[19] Es decir la caracterización de modos escépticos e individualistas vinculados a la noción epocal de crisis. La negación a un sistema social de valores en el plano de una búsqueda individual moderna que expresa la alienación y degradación de su paralelo social: la modernización.

no, de un *azul,* de un océano, de un espacio maravilloso y sobrenatural que sostiene la metáfora de que toda visión es claridad de la poesía en *Sangre patricia*; la experiencia del artista desarraigado y derrotado en la vivencia de un medio que representa los efectos aniquilantes de una modernidad burguesa en *Idolos rotos;* la dualidad espacial, el detalle impresionista y cinemático, la dimensión mítica de los personajes, los efectos de una tensión narrativa fotográfica —en el sentido de la densidad y margen de espacio que tiene la narración para resolverse— que acerca la novela al cuento en *Los de abajo;* el uso de la perspectiva cóncava, deformación que es un plano distorsionado consciente del personaje y la narración para revelar la progresiva deshumanización que opera la modernización social y anuncio temprano de una narrativa nutrida en lo transformacional en *El hombre que parecía un caballo;* el desgrave del vuelo y la narración, primicia de una verticalidad poética en *Alsino,* el inicio del viaje moderno, el encuentro del manuscrito y la búsqueda de un espacio intocado por la modernización social en que la carencia de agua y la falta de tecnología está suplida en el ritmo del baile y los ritos de lo primitivo en *La reina de Rapa-Nui;* la falsa polarización maniquea o el uso de una simbología explícita negadas por los recursos de transformación y complejidad sicológica de los personajes en *Doña Bárbara*; la huída como viaje y el desenlace destructivo en la búsqueda de todo centro, la exuberancia de una creación que transforma la escritura, la alucinación creadora del espejismo en *La vorágine.* Como adelantara, denominaciones como "novela de la revolución", "novela de la selva", "novela telúrica", etc., han ya por años oscurecido las posibilidades de análisis que propongo, sumergen las proyecciones que una obra de arte activa como potencial de lectura y legado transformacional de la cultura. Peor daño han causado las tentativas de un orden cerrado y clasificatorio de la novela hispanoamericana. Valoraciones como "obra maestra del naturalismo hispanoamericano", "representación mundonovista o modernista en el marco de un período naturalista", velan la pluralidad de significaciones que abre el espacio de la novela moderna. Por esta razón poca atención se ha prestado a una novela vanguardista hispanoamericana, a veces intensificadora de las direcciones de la primera novela moderna que he mencionado, a veces desgarrada entre la aniquilación de la estructura de la novela misma y la búsqueda de nuevos componentes. Cuando se menciona su existencia se alude a su aislado surgimiento o se vuelve a la práctica de un análisis que sistematiza el comienzo de una narrativa que explora precisamente lo opuesto: el desorden, el anti-sistema, la anti-lógica del discurso. Algunos esfuerzos críticos han podido sí, restablecer la continuidad de una escritura moderna al conectar los procesos del modernismo y la vanguardia hispanoamericana que generalmente era desligado en la brusca e incomprensible antinomia: modernismo-postmodernismo. Al indagar en los vínculos de uno y otro proceso, René de Costa establece que "la dicotomía antagónica del Vanguardismo frente al Modernismo es un postulado crítico negado por la realidad literaria",[20] nos recuerda asimismo la reveladora afirmación de Borges: "si me obligaran a declarar de dónde proceden mis versos, diría que del modernismo, *esa gran libertad*".[21] De Costa insta a la modificación de una receptividad crítica que debería adoptar primero una visión integral al estudiar la esencialidad del cambio de todo nuevo desarrollo. Retomar esta labor de vaso comunicante y detectar al mismo tiempo la fisonomía y modulaciones del cambio en relación al transcurso de la modernidad literaria hispanoamericana ofrece el desafío inventivo de una percepción también moderna: la nueva modelación de una creatividad crítica.

La modernidad de la vanguardia hispanoamericana puede leerse en las metáforas de una metamorfosis que inicia *Proserpina rescatada* (1931) de Jaime Torres Bodet, en la niebla poética y transgresiones de una narrativa secuencial de la novela estridentista,[22] en el desprecio argumental de la narrativa de Pablo Palacio y en el entorno de su atmósfera existencialista; en la construcción de una novela de prólogos o la de deconstrucción de lo novelesco en *Museo de la novela de la eterna* de Macedonio Fernández. Dice Noé Jitrik al respecto: "El *Museo de la novela de la eterna* es en gran medida el objeto en el que la 'Estética de la Novela' se hace al mismo tiempo forma de una novela",[23] el Belarte, dice Macedonio Fernández

---

[20] De costa, "Del Modernismo a la Vanguardia: El Creacionismo prepolémico", *Hispanic Review,* volumen 43, 1975, p. 272.

[21] La cita se encuentra en la nota del texto de René de Costa, p. 262.

[22] Véase al respecto el excelente ensayo de Merlin H. Forster, *Los contemporáneos: 1920-1932. Perfil de un experimento vanguardista mexicano.* (México: Ediciones de Andrea, 1964).

[23] *La novela futura de Macedonio Fernández* (Caracas: Universidad Central de Venezuela, 1973), p. 44. Además del notable y completo estudio de Noé Jitrik sobre la narrativa de Macedonio Fernández, los siguientes textos abren

es la instancia de quiebre porque conmociona la certeza del ser de la conciencia en un todo".[24] Lucha en contra del raciocinio: si en *Museo* se lee la conmoción de la conciencia del lector, por lo tanto de la lectura, y la novela como desaprobación de una creación orgánica y autorial, las *Novelas ejemplares* de Huidobro desafían la lógica del lector monocorde y desasocian la cadena del lenguaje. El tiempo se visiona como la multivocidad de un tiempo posthistórico y el recurso de la ironía y la risa no sólo desarman la estructura del relato, le otorgan también el "orden" de un absurdo.[25] *Don Segundo Sombra* (1926) juega con la dualidad de la imagen móvil del gaucho y la permanencia de un espacio eterno e ilimitado. Entre el uso de un lenguaje poético, el proyecto mítico del personaje y la desrealización aérea de un espacio, Güiraldes incorpora tempranamente los elementos de la novela metafísica en los planos de la modernidad hispanoamericana. La visión cubista de la ciudad y los elementos de una novela de la conciencia en *La luciérnaga* (1932) de Mariano Azuela, la atmósfera irreal, fusión y recreación de sueño y realidad en *La última niebla* (1935) y *La amortajada* (1938) de María Luisa Bombal, la desincorpora-

perspectivas originales de análisis y comprensión sobre la obra del vanguardista argentino: Alicia Borinsky, "Humorística, novelística y obra abierta en Macedonio Fernández". Tesis doctoral, University of Pittsburgh, 1971; Jo Anne Engelbert, *Macedonio Fernández and the Spanish American Novel* (New York: New York University Press, 1978); Germán Leopoldo García, *Macedonio Fernández: la escritura en objeto* (Buenos Aires: Siglo Veintiuno, 1975); Naomi Lindstrom, *Macedonio Fernández* (The University of Nebraska-Lincoln: Society of Spanish and Spanish-American Studies, 1981). También, los artículos de Ana María Barrenechea, "Macedonio Fernández y su humorismo de la nada", en *Nueva novela latinoamericana II: La narrativa argentina actual* (Buenos Aires: Editorial Paidós, 1972), pp. 71-88 y de Roberto Echevarren "La estética de Macedonio Fernández", *Revista Iberoamericana,* números 106-107 (enero-junio, 1979), pp. 93-100.

[24] La idea de *conmoción* en todos los estratos de la novela, incluyendo el de su participación, es decir, el del lector, es esencial en la teoría de Macedonio Fernández: "Yo no encontré una ejecución hábil de mi propia teoría artística. Mi novela es fallida, pero quisiera se me reconociera ser el primero que ha tentado usar el *prodigioso instrumento de conmoción conciencial* que es el personaje de la novela en su verdadera eficiencia y virtud: *la de conmoción total de la conciencia del lector..." Museo,* pp. 24-25.

[25] Para un análisis de la prosa de Huidobro en la perspectiva de un nuevo concepto sobre la modernidad hispanoamericana, véase el artículo de Evelyn Picon Garfield, "Tradición y ruptura: Modernidad en *Tres novelas ejemplares* de Vicente Huidobro y Hans Arp". *Hispanic Review,* volumen 51, n.º 3 (Summer 1983), pp. 283-301.

ción del sistema social junto a la alternativa de invención, locura, latrocinio, pertenencia a sociedades secretas o el recorrido de la ciudad con la ambivalente angustia moderna del desencanto social y la excitación dionisíaca urbana en *El juguete rabioso* (1926) de Roberto Arlt, constituyen también especiales coordenadas en el desarrollo vanguardista de la modernidad hispanoamericana. Hacia finales de la década del treinta, la publicación de *El pozo* de Juan Carlos Onetti marca el modo como la novela moderna hispanoamericana define y madura una de sus tantas direcciones. Ese *extraño* al medio en el modernismo de Reyles: "no hay duda, soy completamente extraño a los míos", o el sentido de la realidad como "máscara oscura" de José Asunción Silva, el *spleen,* el tedium vitae modernista, la visión profética y metafórica de Arévalo Martínez, de su personaje asomado al *pozo* para indagar en una condición humana ausente o transformativa,[26] y la concepción de la existencia como pura limitación, la imagen de la existencia como *cubo,* el hombre ese "bolo de lodo urbano" que vaga incierto en la ciudad, la trágica certeza de la narrativa de Pablo Palacio: "Después de todo: a cada hombre hará un guiño la amargura final",[27] culminan en una construcción modelo y peculiar a su vez de una novela hispanoamericana de brote existencialista. La conjunción de temáticas como la soledad, la incomunicación, el desarraigo, la experiencia de un tiempo fragmentario, escritas como las memorias de un personaje que ve en la escritura la posibilidad de despojo de esta conciencia rodeada de noche, hacen de *El pozo* la imprescindible referencia de origen de una narrativa hispanoamericana de la vanguardia, la suma de una preocupación moderna que paulatinamente se había venido delineando en los escritores modernistas y vanguardistas que he mencionado, pero que además agrega la conciencia del *medio*: el acto de escribir como acto catártico, afectado también en la forma dubitativa, vacía u omitiva que adquiere su expresión narrativa.[28]

---

[26] El texto *El hombre que parecía un caballo* de Rafael Arévalo Martínez ha sido estudiado por lo general como un cuento largo. En verdad este texto oscila entre los límites de esa forma y los de la novela corta. En este ensayo considero esta obra funcional y estructuralmente en las in-mediaciones de la narrativa corta hispanoamericana, específicamente, la novela corta.

[27] Pablo Palacio, *Pablo Palacio: Obras escogidas* (Quito: Clásicos Ariel, s.f.), p. 82.

[28] Un excelente análisis de esta novela es el estudio "Origen de un nove-

Se puede ya entender que la figuración de este *continuo moderno* —en una de las tantas vertientes de esta literatura— no progresa linealmente ni se escinde tampoco abruptamente. Es integralmente accesivo como sensibilidad y diferencialmente aprehensible como convergencia y transposición hacia otras coordenadas. En *La vida breve* (1950), Onetti retoma en un giro más profundo el rechazo al absurdo de una existencia cotidiana a través del juego escritura-imaginación, polos funcionales de salvación y desintegración de la identidad; la individualidad y el destino pueden disolverse en un acto de invención. Onetti describe/descubre el juego de la creación, fuera de él está la muerte dice en *El astillero* (1961). El sin sentido de la farsa cotidiana precisa de la creación consciente de otra farsa, en la que el juego creativo de la escritura es la distracción que transitoriamente nos arranca del "último descenso de la ciudad maldita". La ciudad maldita es la ciudad moderna, la doble atracción dionisíaca, creativa y destructiva; "tierra de nadie" y "modelo para armar", búsqueda en el descenso o en la altura de una "región más transparente". En *La invención de Morel* (1940) Bioy Casares evade el ámbito de la ciudad para mostrarnos que ésta y creación son prodigios de invención. La realidad es una sucesión de imágenes: pura proyección. No alcanzamos la sustancia del cuerpo porque la materialidad es un poliedro difuso de invenciones y sin embargo la imagen y/o la palabra son algo más que registro, son historia y creación. La revelación de esta dimensión de la ciudad se alcanza en la isla, espacio antitético de la ciudad, pero esta última impone la elección favorita del escritor moderno, Marechal desciende a la ciudad, ciudad-infierno, ciudad-atormentada, pero el viaje es la andanza de un acontecer metafísico que desenmascara la modernidad burguesa de la ciudad, es también la búsqueda de un orden poético; la levedad de Adán, su muerte, transporta no el cuerpo sino "la materia sutil de un poema concluido". En Cortázar, la ciudad moderna se asume completamente, los personajes van por la calle, por el puente, sin búsqueda; ésta se hace en el acto de andar, en la llegada al barrio o a los despojos de la clocharde. El contraste de una ciudad mítica, arcaica o primitiva en la realización de esta narrativa conlleva generalmente los elementos típicos de la civilización moderna: el tren

lista y de una generación literaria", de Angel Rama. Publicado en la edición de *El pozo*. Puede verse la edición de 1969 (Montevideo: Arca), pp. 49-101.

irrumpe en Macondo y el regreso al génesis de la creación en la selva americana de *Los pasos perdidos*, supone la idea de *vuelta* a la ciudad. La publicación de la novela de Onetti que ya mencionara, *El pozo* en el año 1939, parece un momento clave en las direcciones diferenciales que marca el proceso de la modernidad hispanoamericana. Al estudiar el proceso socio-cultural de las expresiones artísticas uruguayas contemporáneas, Angel Rama elige el período que va entre 1939 y 1969 (no como límite sino como instancia referencial) para analizar la inscripción histórica de dos promociones intelectuales que él llama "generación crítica". Muchos de los postulados críticos utilizados por Rama para señalar el contexto de este curso cultural suponen alcances en relación a toda una época cultural que afecta el desarrollo general artístico hispanoamericano. Dice Rama:

> Quienes alcanzaron en la década del cuarenta los veintitantos años, cumplieron su adolescencia y su primera juventud *bajo el impacto de una serie de transformaciones del medio cultural de las ciudades latinoamericanas...* el crecimiento evolutivo de las ciudades... el avance vertiginoso de la tecnología, también amplificado por la guerra, sobre todo en los campos de la información y de la comunicación cultural.[29]

Esta universalización de la experiencia cultural extendida a la mayoría de las ciudades hispanoamericanas en rápido proceso de crecimiento y expansión, suponía la realización cultural de lo que la modernidad desde su comienzo —desde el afán modernista adelante— perseguía. Los elementos de la modernización social a su vez —el avance del complejo tecnológico-comunicativo— contribuían al establecimiento de una búsqueda y de una experiencia artística cosmopolita, la cual en un principio era censurada por su carácter "foráneo".[30] Esta crítica provenía de sectores nacionalistas para los cuales

[29] Angel Rama, *La generación crítica 1939-1969* (Montevideo: Arca Editorial, 1972), p. 37.

[30] Al respecto, indica Rama: "El universalismo, que signó la aparición de la generación crítica, fue en su momento objeto de censuras. Las formularon los sectores nacionalistas de la estirpe tradicional y conservadora, quienes detectaron correctamente el elemento 'modernizador' que ese universalismo comportaba y lo designaron con una palabra que quiso ser peyorativa: foráneo". *La generación crítica*, p. 36.

era muy difícil visualizar el proceso transformacional de la sociedad moderna en general y los profundos cambios que habría de producir. Incomprensión de que se comenzaba a vivir lo que Rama (considerando el pensamiento de Mac Luhan) llama "los primeros vagidos de una aldea global".[31]

La ciudad convertida en centro, red de comunicaciones de lo nacional e internacional. Todo se agolpa, se densifica en la urbe. El desarrollo de la ciudad moderna crea también el vértigo de veloces desplazamientos y el arte deviene no sólo urbano sino también transformacional; al mismo tiempo, la inquietud de un desajuste nace: el artista alerta prevé el sentido de alienación del hombre contemporáneo en este ambiente. Su integración es crítica, el viaje antitético o el recorrido mítico, o el modo poético de una reconciliación, el transcurso de una búsqueda indefinida. Pieza notable de la narrativa hispanoamericana neovanguardista o contemporánea, en *El pozo* confluyen una serie de temáticas relacionadas a la ciudad, el sentido del hombre moderno en ella, la soledad, la disgregación, la percepción moderna del tiempo, el sondeo de una realidad repugnante, el origen de modos narrativos elípticos, las alternativas del cinismo contemporáneo o del escepticismo, la búsqueda en el descenso "al pozo" como motivo de autenticidad, la incapacidad comunicativa, la dimensión crítica de la modernidad social, la concepción del hombre moderno como abyección, la conciencia de la escritura del arte como radical catarsis. Motivos persistentes y profundizados en la narrativa moderna que le sigue.

La novela neovanguardista de la modernidad hispanoamericana comienza a avanzar en exploraciones desasociativas de lo metafórico que despistan el instrumento analítico a la caza de una realidad representada y el ansia traductiva por descubrir los niveles de asociación o de corporeidad inteligibles de la obra. La novela deviene *suceso*. No ilación o desorden de sucesos, sino suceso, ocurrencia del acto de escribir. La atmósfera enlutada, reseca, espectral y el movimiento humano contenido, inhibido o reprimido, también desprovisto de *Al filo del agua* (1947) de Agustín Yáñez, anticipatorias de la irrealidad ambiental de *Pedro Páramo* se descarga en la intensidad del agua y en la sobreabundancia vegetativa: llueve en Macondo, un día o cinco años; la humedad se atrapa en *Los pasos*

---

[31] Rama, p. 38.

perdidos, pero también la naturaleza exuberante atrapa el acto de la creación. La presencia verde de la selva, la pesantez de la raíz y de la hoja destruyen la orientación creativa de mapa, laberinto más que guía. Escritura, espacio y personajes asumen también esta ambigüedad en *La casa verde* de Mario Vargas Llosa. Entre la desprovisión y la abundancia, sequedad y fertilidad, represión y descontención, una doble vertiente hispanoamericana mítica fluye: irrealidad y maravilla; ni una ni otra reconocen sistema, pero ambas se construyen en el lenguaje por elipsis o saturación. Ambas escrituras por ausencia o exceso conocen el silencio del ciclo completado o el silencio que precede a la creación y al lenguaje.

La irrealidad de la calle seca, desolada, la falta de aire, la profecía apocalíptica de la ciudad destruida. El caos de la selva, la proliferación que crea el espejismo, el regreso anterior a la creación. Soledad del despoblado o de la destrucción final en una, el gesto y el giro trágico de la ciudad. Soledad como experiencia del origen, devorados en la raíz, en la otra. En ambas converge una pregunta que es profecía en su correlato bíblico y confirmación en la narrativa de Eduardo Mallea: ¿perecerá todo verdor? Sólo que el verdor en ambas escrituras es algo más que fertilidad de la naturaleza: el artificio de la escritura en la ciudad. La epifanía de tal intuición es castigada en el mero acto de su percepción, pero también realzada como producción consciente de un ámbito autónomo, "toda escritura conduce más allá de los límites terrestres", dice el protagonista de *Celestino antes del alba* (1967) de Reinaldo Arenas y la escritura poética del vuelo de *Alsino* se convierte en *Celestino* en una dialéctica de poéticas: lo aéreo y lo telúrico; tan pronto la escritura toca tierra bordea la destrucción, la violencia del hacha, odio y hambre, el desvínculo familiar. Su despliegue es el vuelo hacia la liberación de la poesía. La visión de vida y muerte de Celestino ocurrirán por concentración en la liviandad aérea del pájaro. El personaje es la realización vital de un universo poético y la novela la conducción de la escritura al orden de este universo. La simbología constante del hacha y de la herradura en la novela confieren la gravedad y pesantez de una poética destructiva del acto de la imaginación. La simbología del pájaro desgrava el acero del hacha y la atracción telúrica de imán de la herradura: la escritura más allá de su impositiva limitación terrestre y la agresiva liberación de un desprendimiento. En el centro de una narrativa moderna que paulatinamente invade el eco de la poesía, *Celestino antes de alba,* recorre sin el recurso de la explicación el sentido poético de su propio espacio, las alas de Alsino ya no son una extensión necesaria de los miembros del cuerpo para poder reinventar el espacio de la poesía. La alucinación de una mirada o la concentración desplazan de inmediato el campo de la escritura. En el centro de la escritura moderna, entre *Alsino* y *Cobra, Celestino antes del alba* remite al inicio narrativo-poético vertical de la primera y al desenlace transformacional de la segunda: "los pies de Cobra... esas anclas planas [que] la fijaban a la tierra", no se desgravan en la aplicación de "mecánicas groseras", sino en la descomposición del orden de la escritura; una mutación que asocia cuerpo a escritura y crea el orden distinto de un signo transformándose, la vibración de un cuerpo narrativo que celebra la multiplicación fragmentaria de su propia descorporeización. Desde la narrativa-poética del vuelo modernista transformada en las metáforas de la alucinación y la metamorfosis al desenlace de una invención postmoderna: la significación del signo de la escritura desde el silencio.

Es sólo en la literatura postmoderna hispanoamericana que la palabra del discurso narrativo puede escogerse a sí misma como centro de un sistema metafórico y conducir el lenguaje a la búsqueda de su propio orden poético. Este desenlace supone, sin embargo, los antecedentes de la narrativa moderna que he mencionado y que se resuelve en la búsqueda de otros recursos. El elemento *río* que "cautiva [e] infunde presentimientos de mundos desconocidos", exalta —en *Los ríos profundos* (1959) de José María Argüedas— la musicalidad transparente que confiere raíz profunda a un protagonista internado en la degradación de un mundo hostil y en la vivencia inestable de dos culturas. El río tiene voz y el sonido es una forma de comunicación verbal. Desde la lucha sorda de una producción cultural híbrida la palabra narrativa en Argüedas busca primero convertirse en naturaleza para que desde allí, transformada, hable, "para que exalte y no ensordezca". La palabra, onomatopeya de la naturaleza, y la potencial configuración de una narrativa poética buscada en la musicalidad del elemento y de la palabra indígena; sin embargo, lectores de una reproducción-visual occidental, nuestra audición de piedra no puede escuchar el canto fuerte del trompo mensajero: la rotación poética-musical del Zumbayllu.

En *El mundo alucinante* (1969) de Reinaldo Arenas, es el recurso de la hipérbole el que origina la empresa de una narración del deslímite y la visión de la historia como alucinación. Declara Arenas:

> Es el caso de Fray Servando con las cadenas, las cuales se convierten en su propia liberación cuando por tal exceso de encadenamiento se desploma la prisión y él se escapa. Con el hacha en *Celestino* pasa igual. Su proliferación representa un poco su posibilidad de escape.[32]

La triplificación de un perspectivismo narrativo y la exacerbación ilimitada de un mismo elemento ultimado hasta el detalle más nimio de la descripción, pluralizan la potencialidad de una narrativa acumulativa. El efecto es similar al de una metáfora inolvidable en la lectura de la novela hispanoamericana: el encadenamiento de Fray Servando. No sólo su cuerpo está encadenado, también la extensión de su cuerpo, el espacio y el aire, hasta que el peso del acero se destruye a sí mismo y libera a la víctima de su proceso. Del mismo modo, la conducción recargada a la asfixia del lenguaje y la narración es la manera paradójica de su liberación. El exceso de gravedad es insostenible, se derrumba buscando su redistribución. Al mismo tiempo la asfixia del encadenamiento libera otro estrato: la visión del artista. La libertad es el proceso de una imaginación que se desboca irreversible. A la concepción de una historia en la cual la marginalidad es devorada por los procesos de totalización históricos, el artista opone la visión alucinante de su propio quehacer: el aherrojo de las cadenas son intangenciales al acto de la imaginación. La marginalidad del artista aun devorada en la justificación de una racionalidad histórica o de un proceso social totalitario dispone de la libertad de concebir a la Historia como el proyecto de un decurso alucinado e irracional. La desmesura de la escritura lleva a la superficie, a la vista casi táctil, el transcurso y proceso de una Historia cuya modalidad alucinante nos hemos resistido a admitir. La acentuación y acumulación de imágenes hiperbólicas —en el doble proceso de lo textual y lo histórico, lo artístico y lo social— desmorona el andamio justificatorio de una Historia construyéndose y desenvolviéndose como sistema o forma de una progresión racional.

---

[32] "Entrevista por Perla Rozencvaig a Reinaldo Arenas", *Hispamérica*, número 28, 1981, p. 42.

135

La visión de una Historia alucinante en la novela de Reinaldo Arenas, materializará en un intento de lo asombroso y lo imposible: la recuperación verbal de la memoria en *Terra Nostra* (1975) de Carlos Fuentes. "Los labios son la vida, la boca es la memoria. La palabra lo creó todo".[33] Necesidad artística e histórica de labios tatuados para que éstos recuerden el estigma de lo imborrable; en los labios está la memoria y en su uso desciende la palabra como creación irrepetible. La memoria es aprehensión del tiempo y éste es eterno en la memoria. No hay instancia pasada que no pueda convertirse a presente en la invocación y uso de la memoria transfigurada en palabra creadora:

> El poeta abrió las puertas a una memoria científica, independiente de los recuerdos individuales; *propuso la memoria como conocimiento total del pasado total.*[34]

La memoria como índice taxonómico o recuerdo individual es fútil, pero arte como posibilidad aprehensiva y comprensiva de lo histórico. El poeta es los labios tatuados, su registro; *Terra Nostra* se anuncia y se erige artísticamente como el planteamiento de la memoria hispana. Empresa descomunal de conjunción de pasado, presente y futuro. En lucha con la amnesia negativa de todo futuro, el poeta rodea el enigma de una tragedia: la Historia que se repite, pero no concluye. Los tres niveles de la novela, el histórico-cultural en la polarización de las alternativas de lo unitivo y lo disperso, el filosófico en la potencialidad de una Historia dialéctica no realizada y el artístico en su juego aritmético y arítmico de planos simbólicos, míticos y otros de profusa referencialidad artístico-literaria, se dirigen —todos— a la recuperación mnemosínica de un pasado que supone la comprensión del presente y la realización de su futuro. La alucinación deja aquí de ser visión narrativa para surgir del plano conjuntivo tridimensional mismo de lo histórico. Es también la pregunta de un proyecto imposible: los labios tatuados, el verbo del arte y la palabra del poeta en el dominio de una interpretación socio-histórica que ha de reconstruir artísticamente la memoria del pasado, la de

---

[33] C. Fuentes, *Terra Nostra* (Barcelona: Seix Barral, 1977), p. 548.
[34] Fuentes, p. 563.

su proyección actual y futura como el acto imaginativo del acervo cultural hispano.

Plural, la modernidad funda su persistencia en la continua búsqueda de rupturas. Origina la tradición de la ruptura como movimiento de búsqueda y no de negación absoluta del pasado que puede ser el de su propia tradición. Cada quiebre de la modernidad debe enfrentarse al de una tradición ya moderna iniciada por los propios desplazamientos de la modernidad. La constante búsqueda de lo moderno, de aquello que convierte a la modernidad cada vez en una *actualidad* se resuelve muchas veces, en el curso de esta pluralidad, redistributivamente o como un signo y giro de *vuelta*. La vitalidad y perduración del barroco americano desde la Colonia a la época contemporánea y que ha concluido en la necesidad crítica de distinguir entre un barroco y un neobarroco hispanoamericano es el indicador de una redistribución y de una *vuelta* operada por la modernidad. El tránsito de lo barroco (colonial) a lo neobarroco (moderno) y el hecho de su conexión artística, revela el modo continuo y discontinuo a la vez del complejo funcionamiento estético de la modernidad. Lo neobarroco es la manifestación de lo barroco-moderno, del barroco de la modernidad. Este cruzamiento de distanciados espacios temporales o de instancias artísticas disímiles es una característica más de su radical y agresiva estética, el funcionamiento de la metáfora que la significa, lo plural.[35]

Una muestra triádica que la profusión del barroco levanta en suelo americano converge en la densa figuración de tres nombres: José Lezama Lima, Severo Sarduy y Alejo Carpentier. Musicalidad ornamental del arte antillano, arpa de un mismo arte, asomo al espacio estético de lo que uno de ellos llama la curiosidad barroca, sólo que la curiosidad se transforma pronto en obsesión. Lezama da contorno a la metáfora, busca el centro de ella, construye una alegoría metafórica de lo moderno en la vertiente del entrecruzamiento del signo erótico, la sensualidad creativa y el viaje hacia los orígenes de la creación, el rito iniciático del poeta y la conquista del lenguaje poético, como dominio del placer: el paradiso del verbo y el infer-

---

[35] Para un análisis de la conexión voltaica entre lo barroco colonial y lo neobarroco moderno y su plasmación literaria, véase mi artículo "Conexiones: barroco y modernidad". *Escritura*, volumen 11, (enero-junio, 1981), pp. 153-162.

no de su posesión. Se cierra *Paradiso* (1966) en una invitación de recomienzo: "podemos empezar". Reinicio de convergencia de un cruce donde el lenguaje deja de ser naturaleza para convertirse en sobrenaturaleza. Separan Lezama, el lector y la mano de Baldovina los tules de la entrada en el inicio de un proceso poético que la densidad del diálogo platónico de Foción y Fronesis, "el ejercicio de la poesía", "la búsqueda verbal de finalidad desconocida", el desarrollo de esa "extraña percepción por las palabras" de Cemí, conducen a la instalación de la jungla en la ciudad: un espacio donde la palabra suena en la acústica de otro registro, se "vuelve a oír", porque como dice Fronesis el ofrecimiento de una elemental entrada de cuerda supone el atrevimiento de su conversión sinfónica.

La palabra en *Paradiso* atraviesa siempre; franquea, penetra todo círculo, corre rasgada, deambula titánica, se pretende artífice, diosa creadora del lenguaje monumental. Palabra en la que conocimiento y placer recorren al unísono el mismo círculo; palabra que auna la técnica oriental del Kama Sutra y la exquisitez del diálogo en Platón. La palabra avanza siempre; la interrupción puede ser una escalera de ascenso, el bostezo del lagarto, la socarronería del dios Término, pero su ritmo caudaloso irrumpe una y otra vez el frío del deshielo hasta que las columnas se descascaran de la dureza del mármol para renovar la erección de una simbología fálica o la elevación del blanco contrito en la persistencia de la noche, y cuando ya agotada parece que se transforma a piedra, "las sílabas lentas son también más claras", la escritura por fin audición como el asombro de Cemí ante los papelitos vacíos de escritura. Metáfora lezamesca: la palabra retorciéndose en alegría jubilar, la palabra penetrando "en sus canales oscuros, invisibles e inefables". La palabra que revive gozosa, alegre, en un nuevo verbo de la poesía no como comunicación sino como entrada al eros. El eros, esa topografía sinuosa, ese costado de relieves que deja cazarse cuando los ojos se abren a la piel y ésta al trazo de la palabra.

El barroco de Sarduy acude al despliegue profuso de referencias cruzadas en el desplazamiento de una textualidad que viaja al centro del signo para mostrar la periferia de él; su barroco deja de ser naturaleza frondosa, "jardín botánico", convoca más bien un ludismo que confunde la disparidad de modelos culturales múltiples. Asocia el cuerpo al texto y viceversa, su escritura es inscripción de signos, tatuaje y orfebre dérmico. Barroco cargado de referencias textuales y artísticas —la pintura por ejemplo— como profusión de deleite, la anti-acumulación ahorrativa, el derroche justificado en la parodia del contexto consumista y acumulativo de la economía burguesa. Barroco como intento comprensivo de toda la cultura, oriental y occidental, en el hacer de una virtualidad artística que desorganiza la idea de sistema porque la diacronía es otra forma de la linealidad acumulativa. *Gestos* (1963), una forma de poner a la escritura en movimiento; *De donde son los cantantes* (1967), el comienzo del mimetismo en los personajes, la novela y la escritura; sincretismo y superposición cultural, parodia; *Cobra* (1972), el proceso de transformación de la escritura, escritura Cobra y modernidad barroca; *Maitreya* (1978), el anverso del viaje y el motivo modernista. De Oriente a Occidente esta vez: la búsqueda completa así el vacío del viaje modernista al Oriente. Al mismo tiempo la modernidad recobra su figuración de Círculo y Cobra, funde modernismo y modernidad porque modernismo es "la busca de modernidad" y ésta el consumo de toda una sensibilidad en la revelación de esa búsqueda.[36]

Carpentier cruza los espacios del presente actual y del presente neolítico en la distancia del recurso textual. La escritura de Carpentier bordea con persistencia el tema del viaje. Viaje crítico, intrahistórico y destructivo del mito del héroe histórico en *El arpa y la sombra* (1979); viaje reflexivo, conciencia integral, sintética, que otorga el distanciamiento sobre el proceso de la creación, la formación del artista y la visión de conjunto de todo un proceso histórico que culmina en la integración de una conciencia individual al destino de un pueblo en *La consagración de la primavera* (1978). Viaje mítico —en *Los pasos perdidos* (1953) —al primer día de la creación para descubrir el origen mágico de la música, la tragedia del arte y del artista y la raíz telúrica de lo americano, la absorción en la vorágine de la creación y del creador. Viaje —en *Concierto barroco* (1974) —a la Colonia de plata y plato, a y o, acústica barroca, a la Colonia, esa parodia del ornamento. Viaje también al

[36] Un análisis de los procesos de la modernidad contemplados en el modelo de una escritura barroca se encuentra en mi artículo "Sarduy: una escritura en movimiento". *La Chispa: Selected Proceedings Department of Spanish and Portuguese, Tulane University, New Orleans, 1981, pp. 43-50.* Reproducción parcial del mismo, "Severo Sarduy: escritura Cobra y Modernidad barroca" en *Insula,* número 427 (junio) 1982), p. 5.

futuro, ese carnaval yuxtapositivo, asimétrico, desenfreno de una música mezclada, combinatoria: saxofones y címbalos, guitarras eléctricas y tipinaguas. Louis Armstrong, Vivaldi y sones indígenas. Percusión sincrética del barroco moderno y ejecución expansiva del concierto barroco hispanoamericano. Viaje, pero con una carga barroca que desintegra el motivo clásico del viaje. La naturaleza del viaje en Carpentier es la de un movimiento que rompe la linealidad del tiempo, es búsqueda de musicalidad originaria y final, apocalíptica, una transposición témporo-espacial. La constitución barroca, obsesión carpenteriana, reside en una visión del tiempo como síntesis de naturaleza y de artificio. El espacio barroco de Carpentier es el de la combinatoria, en su realización textual el tiempo es concierto de varias latitudes, constelación instrumental y el viaje la disposición fusiva de varios tiempos, la conquista de un espacio de interconexiones.

La fundación de un espacio único, total, cohesivo de la disimilitud de textos, instrumentos y sones ocurre en el barroco de Carpentier como fusión de lo real-maravilloso, es decir, como reunión no impuesta; el artificio creativo de su barroco deja de ser arbitrario porque la magia incorporativa del creador y la dialéctica de una escritura telúrica y cultural condena el simplismo que la yuxtaposición del prestidigitador produce. El uso del barroco en Carpentier en cuanto modo de escritura revela el sentido de esa afirmación lezamesca que explica el surgimiento del barroco en distintas latitudes y épocas como tentación y desafío desconocidos. En sus escritos teóricos sobre el barroco Lezama parodia la frase de Weisbach, barroco arte de la contrarreforma en la paráfrasis: "barroco, arte de la contraconquista".[37] Situado en suelo americano establece Lezama, el barroco entre nosotros "representa un triunfo de la ciudad y un americano allí instalado con fruición y estilo normal de vida y muerte".[38] Su concepción contradice la idea de que éste es un "estilo degenerescente" ("el barroco explicado como un gótico degenerado en la versión de Worringer")[39] para exponerlo como estilo plenario tanto en España como en Hispanoamérica. Se opone también a la idea de la ausencia de ten-

---

[37] José Lezama Lima, *La expresión americana* (Santiago de Chile: Editorial Universitaria, 1969), p. 34.

[38] Lezama Lima, p. 34.

[39] Lezama Lima, p. 34.

sión del barroco; el barroco genuino es arpa tensada al máximo, choque de contrarios, arte de contradicciones. Asimismo, el barroco no conduce a una disolución puramente fragmentaria, su "plutonismo" representa ambos extremos: fragmentación y recuperación de la unidad. Carpentier recoge la tentación y desafío de nuestra expresión americana no sólo para describir las fuentes maravillosas de la naturaleza americana como se ha pretendido, sino que esencialmente para exponer la tensión de lo barroco como la proliferación de una escritura a un espacio abierto y en salto simultáneo la búsqueda de un orden o unidad que no rechaza la abundancia. La escritura barroca de Carpentier desarticula las categorías témporo-espaciales desde el presente al pasado en *los pasos perdidos* o desde el pasado al presente y al futuro como en *Concierto barroco,* sin embargo las metáforas de esta desintegración, su carácter metamórfico y metafórico conduce siempre a la articulación de una unidad artística que actúa como revelación de una esencia, una afirmación de lo propiamente americano.

"*El primer americano* que va surgiendo dominador de sus caudales es nuestro señor barroco"[40] dice Lezama y Carpentier concluye: "es aquí y no fuera... donde la tierra tiene un vocabulario que en alientos me llega."[41] Consagra Carpentier la primavera del barroco americano: transposición, yuxtaposición, abundancia y multiplicación barrocas son el resultado de una elaboración gozosa del lenguaje y de una visión esencial de las raíces americanas: naturaleza indígena e hispánica. Tensa el arpa de su narrativa Carpentier y resuena barroca, trae arte, mano y cuerda el arpa y cuerpo, alma y sombra el hombre. Desciende a la Leyenda Aurea para su epígrafe al *Arpa y la sombra* y a la Colonia para mostrarnos el cruce entre lo barroco y lo moderno. *Espejo de paciencia* "entra en la historia de la imaginación" hispanoamericana no sólo por el "carácter milenario de su título", hay en él además el anticipo pre-textual del texto futuro que lo re-escribirá: *Concierto barroco.* Así como

---

[40] Lezama Lima, p. 34.

[41] Alejo Carpentier, *La consagración de la primavera.* 8.ª edición (Madrid: Siglo Veintiuno de España Editores, S.A., 1979), p. 215. Uno de los aspectos en el que Carpentier fundamenta la elección barroca en Hispanoamérica es el concepto de *sincretismo* o *simbiosis.* Se pregunta Carpentier "¿Y por qué es América Latina la tierra de elección del barroco?" Responde él mismo: "Porque *toda simbiosis, todo mestizaje, engendra un barroquismo".* A. Carpentier, *La novela latinoamericana en víspera de un nuevo siglo y otros ensayos* (México: Siglo XXI Editores, S.A., 1981), p. 126.

en *El espejo* se mezclan paródicamente náyades y hamadríades a macaguas y pitajayas, en *Concierto* el son percusivo se une a Vivaldi. La distancia es la conciencia de una ejecución en la que la simbiosis de una modernidad-barroca, puede sin el recurso de la razón conectar el pasado al futuro para reinventar el espacio del presente. La distancia entre *El espejo* y *Concierto* es el de la figuración de un arco voltaico, el sentido de un cruce de significación artística. La búsqueda de la modernidad no es la búsqueda de *lo actual* sino de *lo moderno*; la actualidad, es de otra parte, el resultado de esa búsqueda moderna. Las conexiones y saltos de la modernidad son múltiples, disímiles y contradictorios, el espacio barroco proveerá a la modernidad el logro de una síntesis. Barroca la narrativa de Carpentier por la posesión feraz de nuestra lengua, también por la articulación feliz y conjuntiva de las lenguas, culturas y artes americanas. Barroca-moderna su escritura por esa capacidad perceptiva de nuestra disimilitud y por la fusión artística de la síntesis de un lenguaje y un carácter hispanoamericanos.

Conjunciones: espacio de la modernidad

> No hay escuelas; hay poetas.
> Rubén Darío, *El canto errante*
> Clasificar no es entender.
> Octavio Paz, *El arco y la lira*
> Todos los comienzos son gratuitos, una forma de fe.
> Ihab Hassan

Si se quisiera delinear la totalidad de la configuración que la escritura moderna describe, habría que hacerlo a través de una metáfora. Hassan la entrega —para la realización de la modernidad europea y angloamericana— como el avance de una extensión hacia la ausencia. De Sade a Beckett y de Blake a Miller, la literatura del silencio recorre el lenguaje de la vacuidad (vacancy) y el de la plenitud (fullness); entre la desintegración y el signo, la metáfora revela como habla el lenguaje del silencio.

La metáfora de la novela de la modernidad hispanoamericana debería buscarse entre la distancia y conjunción que media entre los tejidos de una creación como placer del texto y del texto como gesto del derroche. Desde Martí a Sarduy los lenguajes del silencio también hablan como vacío y plenitud, el signo en explosión, como huída del centro y búsqueda de él, pero en un espacio donde lo barroco presencia como una tradición arraigada a lo americano desde la Colonia y cuya extensión y persistencia llega a las manifestaciones más vivas del arte contemporáneo.

Retomando la apelación del pensamiento de Hassan que hiciéramos en la introducción de este ensayo, postular que: "es hora quizás de construir una nueva historia literaria."[42] Un análisis de la novela de la modernidad como expresiones de ésta en la narrativa hispanoamericana debería suponer la desconsideración de una cronología lineal. Cuando Hassan se pregunta por el fin del período moderno, responde con una interrogación que es la repuesta evasiva de la modernidad:

> ¿Cuándo termina la Epoca Moderna? ¿Se extiende lo Moderno sólo para extender nuestras vidas? ¿O, su ductilidad, proporciona un nuevo sentido del tiempo? *¿El fin de toda periodificación? ¿La lenta llegada de la simultaneidad?*[43]

La modernidad es operación de simultaneidad y fin de toda periodización, por lo mismo "inconcluso". Sin embargo, este signo no es una marca de ahistoricidad sino de reacción a una concepción lineal y progresiva de la Historia como ha hecho notar Jürgen Habermas en relación a una de las fases de la modernidad:

> Cierto, la conciencia de la época que permea *el arte vanguardista* no es del todo antihistórico. Se opone sólo a la falsa normatividad de una concepción de la historia que se basa en la imitación de modelos. Se sirve del pasado históricamente disponible, pero a la vez *se rebela contra la neutralización de los cánones, que el historicismo promueve al recluir la historia dentro de un museo.*[44]

La modernidad escapa a la organización y fijeza del museo y a la trayectoria secuencial y orgánica de cierto historicis-

---

[42] Hassan, *The Dismemberment of Orpheus,* p. 4.
[43] Hassan, *Paracriticism,* p. 40.
[44] "La modernidad inconclusa", *Vuelta,* número 54 (mayo 1981), p. 4.

mo porque ésta es "sinónimo de *crítica* y se identifica con el *cambio*".[45]

El modo en que he expuesto el concepto de modernidad desarticula la idea de una historia literaria concebida como división orgánica de períodos, tendencias y generaciones; descubre la falsa normatividad de este historicismo y de un diseño cronológico inoperante, sigue el flujo dispar de la misma modernidad para dirigirse al espacio voltaico de su creación, atiende primero al hecho de su escritura como totalidad y luego a la verticalización de lo diferencial como fases. Desarrollo de una lúcida proposición de Angel Rama "*resumergirnos* en la totalidad creadora de la cultura literaria hispanoamericana, *sin apelar a las rejillas establecidas*".[46] La construcción de una historia literaria distinta (que preocupa a Hassan) si es posible, lo será en la comprensión de esta simultaneidad textual y de "resumergimiento" en el espacio totalizador liberado por la modernidad hispnoamericana desde el modernismo adelante; la sorpresa de sus conjunciones dejará así de ser extraña, abrirá un curso distinto de equivalencias e imbricaciones: el espacio de la modernidad. La sugerencia de Federico de Onís respecto a la relación del modernismo con la modernidad como exploración y búsqueda ha sido ya expuesta por la crítica literaria más renovadora y atenta al hecho de que la aplicación de modelos literarios y de comprensión literaria europeos, resultan inadecuados para una interpretación sobre el carácter simbiótico de nuestra cultura. La asociación del modernismo a la modernidad y la extensión de ésta como sensibilidad y concepto sociocultural es un hecho innegable:

> El modernismo no es sino el conjunto de formas literarias que traducen las diferentes maneras de la incorporación de América Latina a la *modernidad, concepción sociocultural* generada por la civilización industrial de la burguesía del XIX, a la que fue asociada rápida y violentamente nuestra América en el último tercio del siglo pasado...[47]

---

[45] Paz, *Los hijos del limo*, p. 48.

[46] *Literatura y praxis en América Latina*, p. 84.

[47] Rama, "La dialéctica de la modernidad en José Martí", en *Estudios martianos* (Puerto Rico: Editorial Universitaria, 1974), p. 129.

144

El estudio de las manifestaciones de la modernidad hispanoamericana puede considerar tanto la yuxtaposición de la textualidad barroca colonial a la moderna como la producción de la metamorfosis del texto contemporáneo a las transformaciones textuales ocurridas en una escritura del cambio iniciada en la vanguardia. Espacio simbiótico de cruces y encuentros, también de discontinuidad, estética de tradición y ruptura. El encuentro de la modernidad es la desconfianza, también el desafío, de una provocación ligada a la desconstructiva pluralidad de su trayectoria. Inicio incierto: la modernidad literaria hispanoamericana irrumpe en el augurio e incertidumbre de un título: *Sin rumbo*. Paráfrasis del comentario de Lezama a *Espejo de paciencia* que "entra a la historia de la imaginación hispanoamericana por el título". El título de la novela de Cambaceres no entra a la historia de la imaginación ni a la historia de la modernidad sino a la irreductible estética del cambio iniciada por la modernidad hispanoamericana como escritura y sensibilidad. Pero no sólo el título del incierto "sin rumbo" entra en esta escritura, también sus técnicas narrativas, sus planos visuales y pictóricos del campo, la figuración farsesca-teatral de la ciudad, el cuestionamiento de valores, la crisis del hombre moderno que se retira del mundo en la elección de la muerte oriental, esa posibilidad última de búsqueda en el acceso a una dimensión cultural distinta. El viaje oriental modernista se inicia como viaje hacia la muerte, harakiri: ofrecimiento y recuperación en otro sentido. La modernidad multiplica la posibilidad de acceso a otros planos, búsquedas diversas ligadas de alguna manera al viaje y a la incertidumbre inicial de *Sin rumbo* y también a la interrogación-cisne de Darío, su "ser sin rumbo cierto". Su proliferación, sin concluir, atraviesa el espacio entero de la modernidad para anunciar el viaje de regreso, *la vuelta*. De Oriente a Occidente, reverso modernista, *Maitreya* reúne una experiencia cultural-artística doble, sincretizada en las formas de lo postmoderno, es decir de la radical e "inimaginable" extensión a la que lleva la figuración final de la modernidad.

EPILOGO

Cruces de significación. *Le Degré Zéro de l'écriture* y *The Field of Nonsense*. Barthes desafía el inicio de este ensayo: "La modernidad comienza con la búsqueda de una literatura imposible". En Sewell encontramos la dirección de su desarrollo: "La respuesta no puede ser racional".

BIBLIOGRAFIA

Sobre Modernidad

En la selección de la bibliografía utilizada en torno a la idea de modernidad consideré no sólo los ensayos que discuten exclusivamente el concepto sino también algunos textos de referencia imprescindible en relación al problema del arte moderno y otros cuyos alcances suponen enlaces derivativos que surgen en el estudio del tema.

Alvarez, A. *Beyond All This Fiddle: Essays 1955-1967*. New York: Random House, 1968.

Barth, John. "The Literature of Exhaustion". *The Atlantic, 220 (August 1967)*, 29-34.

Barthes, Roland. *Le Degré Zéro de l'écriture*. Paris: Editions du Seuil, 1953.

_____. *The Pleasure of the Text*. Translated by Richard Miller. New York: Hill and Wang, 1975.

Baudelaire, Charles. *The Painter of Modern Life and Other Essays*. Traducido y editado por Jonathan Mayne. London: Phaidon Press, 1964.

Baudrillard, Jean. "Modernité". *Encyclopaedia Universalis*. París: Encyclopaedia Universalis, 1974, vol. II, pp. 139-141.

Bell, Daniel. *The Cultural Contradictions of Capitalism*. New York: Basic Books, 1976.

_____. *The Coming of Post-Industrial Society: A Venture in Social Forecasting*. New York: Basic Books, 1973.

Bradbury, Malcom y James Mc Farlane, eds. *Modernism: 1890-1930*. New York: Penguin Books, 1976.

Cage, John. *Silence*. Middletown, Connecticut: Wesleyan University Press, 1961.

Calinescu, Matei. *Faces of Modernity: Avant Garde, Decadence, Kitsch*. Bloomington: Indiana University Press, 1977.

149

Connolly, Cyril. "The Modern Movement". *The Modern Movement: One Hundred Key Books From England, France and America 1880-1950.* New York: Atheneum, 1966, pp. 1-10.

Cunningham, J. V. "Tradition and Modernity: Wallace Stevens". En *The Idea of the Modern: In Literature and the Arts.* Ed. Irwing Howe. New York: Horizon Press, 1967, pp. 286-302.

Chase, Richard. "The Fate of the Avant-Garde". En *The Idea of the Modern: In Literature and the Arts.* Ed. Irving Howe. New York: Horizon Press, 1967, pp. 144-157.

Drucker, Peter F. *The Age of Discontinuity: Guidelines to Our Changing Society.* New York: Harper and Row, 1978.

Ellman, Richard y Charles Feidelson, eds. *The Modern Tradition: Backgrounds of Modern Literature.* New York: Oxford University Press, 1965.

Fiedler, Leslie A. "The New Mutants". *Partisan Review,* 32 (Fall 1965), 505-525.

Frank, Joseph. *The Widening Gyre: Crisis and Mastery in Modern Literature.* New Brunswick, New Jersey: Rutgers University Press, 1963.

Fuller, Richard Buckminster. "Man's Changing Role in the Universe". En *Liberations: New Essays on the Humanities in Revolution.* Ed. Ihab Hassan. Middletown Connecticut: Wesleyan University Press, 1971, pp. 197-213.

Graff, Gerald. "The Myth of the Postmodernist Breakthrough". *Tri-Quarterly,* 26 (Winter 1973), 383-417.

Hassan, Ihab. "The Dismemberment of Orpheus: Reflections on Modern Culture, Language and Literature". *The American Scholar,* 32 (Summer 1963), 463-84.

——————————. "Beyond a Theory of Literature: Intimations of Apocalypse?" *Comparative Literature Studies,* 4 (1964), 261-271.

——————————. *The Literature of Silence: Henry Miller and Samuel Beckett.* New York: Alfred A. Knopf, 1967.

——————————. *The Dismemberment of Orpheus: Toward a Postmodern Literature.* New York: Oxford University Press, 1971.

——————————. ed. *Liberations: New Essays on the Humanities in Revolution.* Middletown, Connecticut: Wesleyan University Press, 1971.

——————————. *Paracriticism: Seven Speculations of the Times.* Chicago: University of Illinois Press, 1975.

Hatzfeld, Helmut. *Estudios sobre el Barroco.* Madrid: Gredos, 1964.

Hauser, Arnold. "The Film Age". En *The Idea of the Modern: In literature and the Arts.* Ed. Irving Howe. New York: Horizon Press, 1967, pp. 225-235.

——————————. *Literatura y manierismo.* Madrid: Guadarrama, 1969.

——————————. *Historia social de la literatura y el arte.* Vol. II. Madrid: Guadarrama, 1976.

Hough, Graham. *Image and Experience: Studies in a Literary Revolution*. London: Gerald Duckworth, 1960.

Howe, Irving. "Introduction: The Idea of the Modern". En *The Idea of the Modern: In Literature and the Arts*. Ed. Irving Howe. New York: Horizon Press, 1967, pp. 11-40.

Hughes, Henry Stuart. *Consciousness and Society: The Reorientation of European Social Thought 1890-1930*. 2.ª ed. New York: Alfred A. Knopf, 1961.

Hunter, Sam y John Jacobus. *Modern Art: From Post Impressionism to the Present. Painting, Sculpture, Architecture*. New York: Harry N. Abrams, Inc., Publishers, 1976.

Jarrel, Randall. "The End of the Line". En *The Idea of the Modern: In Literature and the Arts*. Ed. Irving Howe. New York: Horizon Press, 1967, pp. 158-166.

Jitrik, Noé. *Las contradicciones del modernismo: productividad poética y situación sociológica*. México: El Colegio de México, 1978.

Kahler, Erich. *The Disintegration of Form in the Arts*. New York: George Braziller, 1968.

Kermode, Frank. *The Sense of an Ending: Studies in the Theory of Fiction*. New York: Oxford University Press, 1967.

_____. "Revolution: The Role of the Elders". En *Liberations: New Essays on the Humanities in Revolution*. Ed. Ihab Hassan. Middletown, Connecticut: Wesleyan University Press, 1971, pp. 87-99.

Kramer, Hilton. "Today's Avant-Garde Artists Have Lost the Power to Shock", *New York Times,* Sunday, November 16, 1980, Sec. 2, pp. 1, 27.

Lefebvre, Henri. *Introduction à la modernité: préludes*. Paris: Editions de Minuit, 1962.

Levin Harry. "What Was Modernism?" *Massachusetts Review,* 1 (1960), 609-630.

Lodge, David. "Historicism and Literary History: Mapping the Modern Period". *New Literary History,* 10 (Spring 1979), 547-555.

Marino, Adrián. "Modernisme et modernité, quelques précisions sémantiques". *Neohelicon* 3-4 (1974): 307-318.

Malraux, André. *The Voices of Silence*. Traducido por Stuart Gilbert, Garden City, New York: Doubleday, 1953.

Man, Paul de. *Blindness and Insight: Essay in the Rhetoric of Contemporary Criticism*. New York: Oxford University Press, 1971.

McLuhan, Marshall. *The Gutenberg Galaxy. The Making of Typographic Man*. Toronto: University of Toronto Press, 1962.

_____. *Understanding Media: The Extensions of Man*. New York: Mc Graw-Hill, 1964.

Meyer, Leonard B. *Music, The Arts, and Ideas: Patterns and Predictions in Twentieth-Century Culture*. Chicago and London: The University of Chicago Press, 1967.

Ortega y Gasset, José. "La deshumanización del arte". En *Obras Com-*

pletas, 6.ª ed. Madrid: Revista de Occidente, 1966. 3: 356-386.

Paz, Octavio. "El Caracol y la Sirena". *Cuadrivio: Darío, López Velarde, Pessoa, Cernuda*. México: Mortiz, 1979.

—————. "Los signos en rotación". En *Los signos en rotación y otros ensayos*. Madrid: Alianza Editorial, 1971, pp. 307-340.

—————. "Invención, subdesarrollo, modernidad". En *Corriente Alterna*. 6.ª ed. México: Siglo Veintiuno, 1972 pp. 19-24.

—————. "Nihilismo y dialéctica". En *Corriente Alterna*. 6.ª ed. México: Siglo Veintiuno, 1972, pp. 125-131.

—————. *Los hijos del limo: del romanticismo a la vanguardia*. Barcelona: Šeix Barral, 1974.

—————. *El signo y. el garabato*. 2.ª ed. México: Mortiz, 1975.

—————. "El espejo indiscreto". En *El ogro filantrópico: historia y política 1971-1978*. México: Mortiz, 1979.

Poggioli, Renato. *The Theory of the Avant-Garde*. Traducido por Gerald Fitzgerald. Cambridge, Massachussetts: The Belknap Press of Harvard University Press, 1968.

Poirier, Richard. "T.S. Eliot and the Literature of Waste". *The New Republic*, 156 (May 20, 1967), 19-25.

Rama, Angel. *Los poetas modernistas en el mercado económico*. Montevideo: Universidad de la República. Facultad de Humanidades y Ciencias, 1967.

—————. *Rubén Darío y el modernismo: circunstancia socioeconómica de un arte americano*. Caracas: Ediciones de la Biblioteca de la Universidad Central de Venezuela, 1970.

—————. "La dialéctica de la modernidad en José Martí". En *Estudios Martianos*. Barcelona: Editorial Universitaria, Universidad de Puerto Rico, 1974, pp. 129-197.

—————. "La formación de la novela latinoamericana". *Sin Nombre*, 4 (enero-marzo 1974), 5-9.

Real de Azúa, Carlos. "Ambiente espiritual del novecientos". *Número*, (enero-febrero 1950), 15-36.

Rosenberg, Harold. "Introduction: The Tradition of the New". En *The Tradition of the New*. New York: Horizon Press, 1959, pp. 9-11.

—————. "Pop Culture: Kitsch Criticism". En *The Tradition of the New*. New York: Horizon Press, 1959, pp. 259-268.

—————. "Aesthetics of Crisis". En *The Idea of the Modern: In Literature and the Arts*. Ed. Irving Howe. New York: Horizon Press, 1967, pp. 116-123.

Sarduy, Severo. *Escrito sobre un cuerpo: ensayos de crítica*. Buenos Aires: Sudamericana, 1969.

—————. *Barroco*. Buenos Aires: Sudamericana, 1974.

Schulman, Ivan A. "La dialéctica del centro: notas en torno a la modernidad de Ricardo Güiraldes". *Cuadernos Americanos* 217 (marzo-abril 1978), 196-208.

_____. "Non Serviam: Huidobro y los orígenes de la modernidad". *Revista Iberoamericana,* 45 (1979), 9-17.

Spender, Stephen. "Moderns and Contemporaries". En *The Idea of the Modern: In Literature and the Arts.* Ed. Irving Howe. New York: Horizon Press, 1967, pp. 43-49.

Steiner, George. "The Retreat from the Word". *The Kenyon Review,* 23 (Winter 1961), 187-216.

_____. *Language and Silence: Essays on Language, Literature and the Inhuman.* New York: Atheneum, 1967.

_____. "In a Post-Culture". *Extraterritorial: Papers on Literature and the Language Revolution.* New York: Atheneum, 1971, pp. 155-171.

Sypher, Wylie. *Rococo to Cubism in Art and Literature.* New York: Random House, 1968.

Toffler, Alvin. *Future Shock.* New York: Bantam Books, 1971.

Tomkins, Calvin. *The Bride and the Bachelors.* New York: The Viking Press, 1965.

Trilling, Lionel. *Beyond Culture: Essays on Literature and Learning.* New York: The Viking Press, 1968.

White, Hayden. "The Culture of Criticism". En *Liberations: New Essays on the Humanities in Revolution.* Ed. Ihab Hassan. Middletown, Connecticut: Wesleyan University Press, 1971, pp. 55-69.

Whitehead, Alfred North. *Science and the Modern World.* New York: The Macmillan Company, 1957.

Yurkievich, Saúl. *Modernidad de Apollinaire.* Buenos Aires: Losada, 1968.

_____. *Celebración del modernismo.* Barcelona: Tusquets, 1976.

_____. *La confabulacíon con la palabra.* Madrid: Taurus, 1978.

Zamyatin, Evgeni. "On Literature, Revolution, and Entropy." En *The Idea of the Modern: In Literatures and the Arts.* Ed. Irving Howe. New York: Horizon Press, 1967, pp. 173-179.

Sobre el modernismo

Habiendo sostenido en el desarrollo del ensayo que toda indagación sobre el problema de la modernidad hispanoamericana requiere de una comprensión de su fase preliminar: el modernismo, una vasta bibliografía en relación al tema fue consultada. Sin embargo, aquí, reúno principalmente los textos que tuve en cuenta en la discusión inicial del ensayo, tanto obras que contenían una perspectiva contraria a la mía como otras cuyos lineamientos generales destacaban nuevos y sugerentes modos de enfrentamiento respecto de la temática que trataba. Incluyo, asimismo, textos de referencia a la vanguardia y a enfoques metodológicos en torno a posibilidades de organización de una historia literaria. Para una bibliografía de alcance más general sobre el problema del modernismo puede consultarse la obra de Homero Castillo, *Estudios críticos sobre el modernismo* (pp. 385-395) que cito en este apartado.

Alegría, Fernando. "La novela modernista". En *Historia de la novela hispanoamericana*. México: Ediciones Andrea, 1974, pp. 113-135.

Anderson Imbert, Enrique. "Comienzos del modernismo en la novela". *Nueva Revista de Filología Hispánica*, 7 (1953), 515-525.

――――――――. *Historia de la literatura hispanoamericana: la Colonia. Cien años de República.* 3.ª ed. Vols. I y II. México: Fondo de Cultura Económica, 1961.

Arrom, José Juan. *Esquema generacional de las letras hispanoamericanas: ensayo de un método.* Bogotá: Instituto Caro y Cuervo, 1963.

Cantella, Barbara Dianne. "Del Modernismo a la Vanguardia: la estética del Haikú". *Revista Iberoamericana,* 40 (octubre-diciembre 1974), 639-649.

Castillo, Homero, comp. *Estudios críticos sobre el modernismo.* Madrid: Gredos, 1968.

Collazos, Oscar, comp. *Recopilación de textos sobre los vanguardismos en la América Latina.* La Habana: Casa de las Américas, 1970.

Concha, Jaime. *Rubén Darío.* Madrid: Ediciones Júcar, 1975, pp. 54-62.

Corvalán, Octavio. *El postmodernismo: la literatura hispanoamericana entre dos guerras mundiales.* New York: Las Américas, 1961.

――――――――. *Modernismo y vanguardia: coordenadas de la literatura hispanoamericana del siglo XX.* New York: Las Americas, 1967.

Costa, René de. "Del Modernismo a la Vanguardia: el Creacionismo prepolémico". *Hispanic Review,* 43 (1975), 261-274.

Chiampi Cortés, Irlemar. "Hacia una semiología de la prosa modernista". Ponencia presentada al XVIII Congreso del Instituto Internacional de Literatura Iberoamericana, University of Florida, marzo de 1977.

Davison, Ned J. *The Concept of Modernism in Hispanic Criticism.* Boulder, Co: Pruett Press, 1966.

Engelbert, Jo Anne. *Macedonio Fernández and the Spanish American New Novel.* New York: New York University Press, 1978.

Eyzaguirre, Luis B. "La gloria de don Ramiro y *Don Segundo Sombra:* dos hitos en la novela modernista en Hispanoamérica". *Cuadernos Americanos,* 180 (1972), 236-249.

Fein, John M. *Modernismo in Chilean Literature: The Second Period.* Durham, N.C.: Duke University Press, 1965.

Forster, Merlin H. *Los contemporáneos: 1920-1932. Perfil de un experimento vanguardista mexicano.* México: Ediciones de Andrea, 1964.

Garfield, Evelyn Picon. *¿Es Julio Cortázar un surrealista?* Madrid: Gredos, 1975.

_____. "Tradición y ruptura: Modernidad en *Tres novelas ejemplares* de Vicente Huidobro y Hans Arp". *Hispanic Review,* volumen 51, N? 3 (Summer 1983), pp. 283-301.

Ghiano, Juan Carlos. "El modernismo entre América y España". En *Ramón del Valle-Inclán 1866-1966.* La Plata: Universidad Nacional de la Plata, 1967.

Goić, Cedomil. *Historia de la novela hispanoamericana.* Valparaíso, Chile: Ediciones Universitarias de Valparaíso, 1972.

González, Manuel Pedro. *José María Heredia, primogénito del romanticismo hispano: ensayo de rectificación histórica.* México: Fondo de Cultura Económica, 1955.

_____. *Notas en torno al modernismo.* México: Universidad Nacional Autónoma de México, 1958.

_____. *Indagaciones martianas.* Santa Clara, Cuba: Universidad Central de las Villas, 1961.

Gullón, Ricardo. *Direcciones del modernismo.* Madrid: Gredos, 1963.

_____. *El modernismo visto por los modernistas.* Barcelona: Guadarrama, 1980.

Henríquez Ureña, Max. *Breve historia del modernismo. México: Fondo de Cultura Económica, 1962.*

Jiménez, José Olivio, ed. *Estudios críticos sobre la prosa modernista hispanoamericana.* New York: E. Torre, 1975.

Jiménez, Juan Ramón. *El modernismo: notas de un curso (1953).* Edición, prólogo y notas de Ricardo Gullón y Eugenio Fernández Méndez. México: Aguilar, 1962.

Karsen, Sonja. *Jaime Torres Bodet.* New York: Twayne Publishers, Inc., 1971.

Kay, Ronald. "Rewriting". *Manuscritos.* Departamento de Estudios Humanísticos, Universidad de Chile, Sede Occidente, 1 (1975), pp. 25-32.

Lafforgue, Jorge, comp. *Nueva novela latinoamericana.* Vol. I. Buenos Aires: Paidós, 1969.

_____. *Nueva novela latinoamericana: la narrativa argentina actual.* Vol. II. Buenos Aires: Paidós, 1972.

Lezama Lima, José. *Esfera imagen: sierpe de don Luis de Góngora. Las imágenes posibles.* Barcelona: Tusquets, 1970.

_____. *Tratados en la Habana: ensayos estéticos.* Santiago de Chile: Orbe, 1970.

Loveluck, Juan. *"De sobremesa,* novela desconocida del Modernismo". *Revista Iberoamericana,* 31 (1965), 17-32.

_____, comp. *Diez estudios sobre Rubén Darío.* Santiago de Chile: Zig-Zag, 1967.

_____. "Rubén Darío, novelista". En *Diez estudios sobre Rubén Darío.* Juan Loveluck, comp. Santiago de Chile: Zig-Zag, 1967, pp. 220-242.

_____. "Crisis y renovación en la novela hispanoameri-cana". En *Coloquio sobre la novela hispanoamericana.* Ivan A. Schulman, Manuel Pedro González, Juan Loveluck, Fernando Alegría. Tezontle, México: Fondo de Cultura Económica, 1967, pp. 113-134.

Maples Arce, Manuel. *Incitaciones y valoraciones.* México: Edicio-nes Cuadernos Americanos, 1956.

Marinello, Juan. "Sobre el modernismo. Polémica y definición". En *Ensayos martianos.* La Habana: Universidad Central de las Vi-llas, Departamento de Relaciones Culturales, 1961, pp. 161-216.

Martínez, Z. Nelly. "Entrevista a José Donoso". *Hispamérica,* 21 (di-ciembre 1978), 53-74.

Meyer-Minnemann, Klaus. "La novela modernista hispanoamerica-na y la literatura europea de 'fin de siglo': puntos de contacto y diferencias. Ponencia presentada al XVIII Congreso del Insti-tuto Internacional de Literatura Iberoamericana. Gainesville, University of Florida, marzo de 1977.

Moretić, Yerko. "Acerca de las raíces ideológicas del modernismo his-panoamericano". *Philologica Pragensia.* Praga, 8 (1965), 45-53.

Müller-Berg, Klaus. "Sentido y color de *Concierto barroco*". *Revis-ta Iberoamericana,* 41 (julio-diciembre 1975), 445-464.

Onís, Federico de. *Antología de la poesía española e hispanoameri-cana (1882-1932)* Madrid: Casa Editora Hernando, 1934.

_____. *España en América: estudios, ensayos y discur-sos sobre temas españoles e hispanoamericanos.* Madrid: Edi-ciones de la Universidad de Puerto Rico, 1955.

Ortega, Julio. *La contemplación y la fiesta: ensayos sobre la nueva novela hispanoamericana.* Lima: Universitaria, 1968.

_____. "La escritura de la Vanguardia". *Iberoamericana,* 45 (1979), 187: 198.

Paz, Octavio. *Cuadrivio.* 2.ª ed. México: Mortiz, 1969.

Rama, Angel. "Prólogo a *Rubén Darío Poesía*". En *Rubén Darío Poe-sía.* Ed. Ernesto Mejía Sánchez. Caracas: Biblioteca Ayacucho, 1977, pp. IX-LII.

Rodríguez Fernández, Mario. *El modernismo en Chile y en Hispa-noamérica.* Santiago de Chile: Universitaria, 1967.

Roggiano, Alfredo. "El modernismo y la novela en la América hispa-na". En *La novela iberoamericana.* Albuquerque, New Mexico: The University of New Mexico Press, 1952.

_____. "El origen francés y la valoración hispánica del Modernismo". *Memoria del Noveno Congreso del Instituto In-ternacional de Literatura Iberoamericana.* México: Cultura, 1962, pp. 27-39.

Schulman, Ivan A. "Reflexiones en torno a la definición del moder-nismo". *Cuadernos Americanos,* 147 (julio-agosto, 1966), 211-224.

_____. "La novela hispanoamericana y la nueva técnica". En *Coloquio sobre la novela hispanoamericana.* Ivan A. Schulman, Manuel Pedro González, Juan Loveluck, Fernando Alegría, Tezontle, México: Fondo de Cultura Económica, 1967, pp. 11-33.

_____. "Orígenes y naturaleza de la nueva novela". *La Gaceta*. México (noviembre 1967), 6-7.

_____. "Carta abierta a Raúl Silva Castro". *Cuadernos Americanos*, 27 (1968), 268-270.

_____. Génesis del modernismo: Martí, Nájera, Silva, Casal. 2.ª ed. México: El Colegio de México and Washington University Press, 1968.

_____. *El modernismo hispanoamericano.* Buenos Aires: Centro Editor de América Latina, 1969.

_____. "Modernismo, revolución y pitagorismo en la obra de José Martí". *Casa de las Américas* (julio-agosto, 1972), 45-55.

_____. "Pervivencias del modernismo en la novela contemporánea: exposición de una teoría epocal". En *Variaciones interpretativas en torno a la nueva narrativa hispanoamericana.* Santiago, Chile: Editorial Universitaria, 1972, pp. 19-36.

_____. "Ernesto Sábato y la teoría de la nueva novela". En *Homenaje a Ernesto Sábato.* New York: Anaya, 1973, pp. 313-326.

_____. "Severo Sarduy y la metamorfosis narrativa". *El Urogallo* (septiembre-diciembre, 1975), 108-114.

_____. "Severo Sarduy". En *Narrativa y crítica de Nuestra América.* Joaquín Roy, comp. Madrid: Castalia, 1978, pp. 387-404.

Torres Bodet, Jaime. *Tiempo de arena.* México: Fondo de Cultura Económica, 1955.

Torres-Rioseco, A. "Notas sobre el origen del estilo Modernista". *Memoria del Noveno Congreso del Instituto Internacional de Literatura Iberoamericana.* México: Cultura, 1962, pp. 11-15.

Vela, Arqueles. *Teoría literaria del modernismo. Su filosofía. Su estética. Su técnica.* México: Ediciones Botas, 1949.

Yurkievich, Saúl. "'Rosa Náutica', manifiesto del movimiento de vanguardia chileno". *Bulletin de la Faculté des Lettres de Strasbourg.* 46, 648-655.

_____. "Los disparadores poéticos". *Texto Crítico,* 13 (abril-junio, 1979), pp. 45-52.